ÄTHERLEIB UND QUANTENBEWUSSTSEIN

AF191876

Das Buch:
„ … Das fundamentale Spannungsfeld zwischen Geist und Materie, in welchem die gesamte Schöpfung existiert, ist in der Doppelnatur des Menschen auf exemplarische Weise realisiert und manifestiert: Er ist in seiner Natur gleichermaßen geistbegabte Materie und verkörperter Geist. Das macht ihn zur Schnittstelle zwischen der kosmischen Hierarchie, aus welcher er sich im Verlauf einer langen Evolution heraufentwickelt hat, und der geistigen Hierarchie, die in ihm Fleisch werden will. Während nun die biologische Evolution durch die Hervorbringung einer Trägerspezies im Vormenschen die Entwicklungsbasis für die Menschheit geschaffen hat, ist diese jetzt an einem Wendepunkt angekommen, steht somit zugleich heute im Hinblick auf die Höherentwicklung des Geistes im und durch den Menschen vor einem Neuanfang: Hat sich der Mensch bisher als das einzige Geistbegabte Geschöpf einer materiellen Welt (der kosmischen Hierarchie) gesehen, so muss er jetzt lernen, sich als Geistwesen innerhalb einer geistigen Hierarchie zu begreifen, das seine Materiebindungen auf dem Wege einer anstehenden geistigen Weiterentwicklung zunehmend transparent machen muss, welche erst mit der Befreiung des Geistes aus der Materie vollendet sein wird. Und das bedeutet, dass der heutige Mensch dazu erweckt werden muss, das in ihm schlummernde latente geistige Potenzial über die Bewusstwerdung seines Ätherleibes zu entdecken und verantwortlich zu entfalten. …"
Fragen oder Anregungen sind erwünscht unter *dr.smig@web.de.*

Der Autor:
Prof. Dr. Werner Smigelski, geb. 1929 in Leipzig ist emeritierter Hochschulprofessor. Vor über 30 Jahren wandte er sich auf innere Eingebung der Mystik zu und lebt seitdem zurückgezogen in der Eifel. Er empfängt seitdem spirituelle Durchsagen und ist ein detaillierter Kenner der mystischen Überlieferungen aller Weltreligionen. Die zentrale Botschaft in seinen Werken ist eine Zusammenschau wichtiger spiritueller Texte zum Inneren Weg, die im Kern aller Überlieferungen offenbar werdende und im göttlichen Geheimnis selbst begründete wesentliche Einheit aller Religion. Die Erschließung dieser bisher eher fragmentarisch nebeneinander stehenden Überlieferungen für eine heute – im Zuge einer spirituellen „Globalisierung" – anstehende religiöse Neubesinnung ist das Anliegen seiner Schriften, die allen denen gewidmet sind, die einen tieferen Einblick in den großen Sinnzusammenhang der Menschheit als Teil des Universums suchen.

Vom gleichen Autor sind erschienen:
- *Telepathie – Kommunikation der Zukunft*, ISBN 3-8334-3158-X
- *Der Traum des Jakob*, ISBN 3-86548-488-3
  (unter dem Pseudonym Anonymos)
- *Wege zur Erleuchtung – zwischen Selbsterkenntnis und Verblendung*,
  ISBN 978-3-8334-6984-8
- *Inkarnation*, ISBN 978-3-8334-8509-1
- *Schöpfung*, ISBN 978-3-8370-4821-6
- *Unschärferelation von Geist und Materie*, ISBN 9783837097061

Ätherleib und Quantenbewusstsein

Werner Smigelski

Durchsagen von Anonymos

1. Auflage 2010 © Prof. Dr. Werner Smigelski

Alle Rechte liegen beim Autor
Herstellung und Verlag: Books on Demand GmbH, Norderstedt

ISBN 978-3-8391-8283-3

Buchgestaltung:
tastdesign, Düsseldorf, www.tastdesign.de
Umschlagbild: Lizenzfreies Stockmaterial, Illustration-Composing

Bibliografische Information Der Deutschen Bibliothek:
Die Deutsche Bibliothek verzeichnet diese Publikation in der Deutschen
Nationalenbibliografie; detaillierte bibliografische Daten sind im Internet
über <http://dnb.ddb.de> abrufbar.

Inhalt

Vorwort

Schöpfung ist Gestaltwerdung des Geistes und als solche zugleich seine Manifestation und seine Verhüllung. Zwischen beiden besteht eine fundamentale Unschärfebeziehung, die sowohl die Unerschöpflichkeit des Formlebens, wie auch die seine Entwicklung steuernde und wieder zurückführende All-Einheit in sich begreift. Diese unauflösliche Einheit des LEBENS im Spannungsfeld der Pole Geist und Materie entfaltet sich als hochdifferenzierter Energiekreislauf, in welchem die Urenergie in absteigenden Metamorphosen verschiedener Energieformen sich dem zu gestaltenden Formleben anverwandelt, dieses dabei aber auch seiner Vollendung im Geist wieder entgegenführt. Der „Äther" ist in diesem Prozess die vermittelnde Sphäre jeglichen Energieaustausches, welcher wesentlich ein geistiger Prozess ist: Emanation des Geistes in die Materie und Erweckung des Geistes aus seiner Verhüllung durch die Materie. Der Keim für alles Leben liegt dabei in der „Potentia", der „Allgegenwart Gottes" in seiner Schöpfung. Diese ist gleichsam die „Substanz des Äthers", und der Äther ist ihre Wirkungssphäre, der universale Energiekreislauf, über den sich der schöpferische Plan Gottes für das gesamte Universum manifestiert.

Das fundamentale Spannungsfeld zwischen Geist und Materie, in welchem die gesamte Schöpfung existiert, ist in der Doppelnatur des Menschen auf exemplarische Weise realisiert und manifestiert: Er ist in seiner Natur gleichermaßen geistbegabte Materie und verkörperter Geist. Das macht ihn zur **Schnittstelle** zwischen der kosmischen Hierarchie, aus welcher er sich im Verlauf einer langen Evolution heraufentwickelt hat, und der geistigen Hierarchie, die in ihm Fleisch werden will. Während nun die biologische Evolution durch die Hervorbringung einer Trägerspezies im Vormenschen die Entwicklungsbasis für die Menschheit geschaffen hat, ist diese jetzt an einem Wendepunkt angekommen, denn sie steht heute im Hinblick auf die Höherentwicklung des Geistes im und durch den Menschen vor einem Neuanfang: Hat sich der Mensch bisher als das einzige Geist-begabte Geschöpf einer materiellen Welt (der kosmischen Hierarchie) gesehen, so muss er jetzt lernen, sich als Geistwesen innerhalb einer geistigen Hierarchie zu begreifen, das seine Materiebindungen auf dem Wege einer anstehenden geistigen Weiterentwicklung zunehmend transparent machen muss, welche erst mit der Befreiung des Geistes aus der Materie vollendet sein wird. Und das bedeutet, dass der heutige Mensch dazu erweckt werden muss, das in ihm schlummernde latente geistige Potenzial über die Bewusstwerdung seines Ätherleibes zu entdecken und verantwortlich zu entfalten.

Wir müssen endlich erkennen, dass wir sowohl spirituelle Wesen sind, die mit ihrer Seele in einer spirituellen Welt existieren, als auch materielle Wesen, die in einer materiellen Welt existieren[1]. Und das bedeutet, dass im physiologisch-natürlichen Entwicklungsprozess der Menschheit als bestimmende Komponente immer auch der „Geist als Bewusstsein" hinzutritt und den „Startpunkt" für jegliche Weiterentwicklung markiert, die beim Menschen nicht mehr automatisch erfolgt, wie bei den Geschöpfen der Natur, sondern von diesem selbst mitbestimmt wird. Insofern ist nicht mehr die menschliche Physis allein die Basis dieser Weiterentwicklung, sondern vor allem der Ätherleib als bestimmender Impuls des Bewusstseins. Nur so ist auch die Äußerung der hl. Hildegard zu verstehen: „Der Mensch trägt für das Universum Mitverantwortung." Allein, dass unser Bewusstsein seine Informationen nicht nur über die physischen Sinne und äußeren Wahrnehmungen bezieht, sondern auch eine unmittelbare Verbindung zu höheren Bewusstseinsdimensionen hat, dafür legen parapsychologische Phänomene als „Transkommunikationen" oder außersinnliche Wahrnehmungen wie Telepathie, Visionen, Präkognitionen oder „morphogenetische Felder"[2] bereits gegenwärtig ein Zeugnis ab, so dass das längst als bewiesen gilt. Es handelt sich dabei um „Resonanzen" zu anderen unsichtbaren Informationsfeldern.

Durch seinen „Ätherkörper" ist der Mensch mit allen Lebensformen und mit der Geistigkeit aller Energieeinstrahlungen im gesamten Universum verbunden. Im Kosmos besitzt der Mensch daher nicht nur einen biologisch-physiologischen Körper, der Träger der Sinne und die Voraussetzung für die phänomenale Darstellung in den Bedingungen dieser Erde ist, sondern darüber hinaus auch einen „Ätherleib", der Träger der Bewusstseinsfrequenzen und mit dem physischen Körper eng verbunden ist. Diese „feinstoffliche Substanz des Ätherleibes" ist den Menschen beim „Abstieg des Bewusstseins aus höheren spirituellen Dimensionen erhalten geblieben und bestimmt in Verbindung mit den physischen Voraussetzungen die Entwicklung im Leben eines jeden Menschen. Denn der Mensch ist ein Doppelwesen, ein „Kentaur", in dem Leib und Seele untrennbar in einem Leben vereint sind. Der physisch-biologische Leib ist der zeitlich begrenzte und sterbliche Funktionsbereich eines organischen Stoffwechsels und somit der Träger der gesamten Vitalität. Mit diesem physischen Körper eng verbunden und diesen umhüllend besteht der feinstoffliche „Ätherkörper" als Funktionsbereich des Psychischen, über den der Empfang aller Lebensenergien erfolgt. Dieser feinstoffliche Ätherleib ist dem „Zwitterwesen" Mensch neben seinem grob-physischen Körper als „geistiger

---

[1] Vladimir Delavre / S. 298 Signale aus anderen Welten – Wenn es ein Leben nach dem Tod gibt, ist nur darüber ein Informationsaustausch denkbar.
[2] Rupert Sheldrake, spricht von "unsichtbaren Informationsfeldern" den (ursprünglich) so genannten morphogenetischen bzw. erweitert, morphischen Feldern.

Führer" mitgegeben worden. Und allein über dessen feinstoffliche Substanz werden die interdimensionalen Verbindungen als Lebensbedingungen der Menschen aufrecht erhalten, indem sich jeder Mensch während des Schlafens nur in seinem Ätherkörper aufhält, um neue Lebensenergien zu empfangen.

Neben der physiologischen und spirituellen Entwicklung des Menschen und parallel dazu erfolgte auch ein Bewusstseinswandel, der im Laufe der Menschheitsentwicklung vom primitiven Wahrnehmen eines archaischen Bewusstseins über das magische und mythische bis zum heutigen mentalen Bewusstsein geführt hat. Dabei bildete jede erreichte Stufe die Basis für eine weitere, über sie hinausführende Entwicklung, weil jede Stufe eine neue Wahrnehmungsweise implizierte, die dann in der Folge auch neue Wahrnehmungs-Möglichkeiten erschließen sollte. – Insofern offenbart sich das Entwicklungspotenzial einer Bewusstseinsstufe erst nach und nach. Wenn aber umgekehrt das Potenzial einer Bewusstseinsstufe ausgereizt zu sein scheint, so kündigt sich vielleicht gerade im Ungenügen an den alten Paradigmen eine erst zu gewinnende neue Wahrnehmungsweise an.

Die gegenwärtige Spätphase des mentalen Bewusstseins in den Westlichen und Nordeuropäischen Ländern zeigt diese Symptome, wenn sie sich z.B. selbst als Postmoderne einzuordnen versucht, womit gesagt ist, dass sie für sich keine Entwicklungsmöglichkeiten mehr sieht und in Ermangelung einer aktuellen Moderne ihre Zukunft bereits hinter sich glaubt. Hier ist die physisgebundene Selbst-Identifikation des heutigen Menschen an ihrer unüberwindlichen Grenze angekommen. Bleibt zu hoffen, dass mit der Ernüchterung auch die Sehnsucht nach einem neuen Ansatz wächst, der in der Tat nur durch den „Quantensprung" in ein neues (Quanten-)Bewusstsein erfolgen kann, in welchem der Mensch sich als Geist im Angesicht des ewigen Geistes neu wiederfinden wird.

Einführung

Adamiten, erste Menschheit:
Rückblick auf die bisherige Menschheitsentwicklung

Der letzte epochale „Dimensionswechsel" erfolgte vor ca. 20.000 Jahren mit den „Adamiten", durch die auf Erden eine erste wirkliche „voll inkarnierte" Menschheit entstand, deren Entwicklung das jetzt zuende gehende Äon bestimmt hat. Die vorherigen großen Kulturen von Atlantis und Lemurien waren als halbätherische Wesen noch in benachbarten Bewusstseinsdimensionen „beheimatet" und „oszillierten" zwischen zwei Bewusstseinsebenen, während die „Adamiten" als erste voll inkarnierte Menschheit zwar auch aus einer höheren Bewusstseinsdimension (spiritueller Parallelbereich, also nicht aus einer im Kosmos vergleichbaren Galaxie) inkarnierten, aber nun nicht mehr zwischen den Bewusstseinsdimensionen „oszillieren" konnten. Denn mit deren echter Inkarnation („Fleischwerdung") erlosch die Fähigkeit eines solchen „Dimensionskipps", weil auf Erden ein so hohes Maß an physisch-substanzieller „Verdichtung" erreicht worden war, dass den Menschen nur noch im Schlaf und Traum die Möglichkeit blieb, sich in ihre einstige „spirituelle Heimat" zurückzuversetzen. Inkarnation bedeutet als letzter Abstieg aus der nächst höheren Bewusstseinsdimension zugleich „Austreibung aus dem Paradies" und die „Fusion" mit den auf Erden bereits vorhandenen biologischen Trägern; und diese erfolgte im „Vormenschen", der sich aus der Natur heraufentwickelt hatte, um als biologisch-physiologischer Träger für das neue Bewusstsein zu dienen und sich mit dem Bewusstsein aus höheren Dimensionen über eine Inkarnation zum psychisch-bewussten Menschen zu vereinen. Damit ist diese „archaische Population" die erste Fusion zweier unterschiedlicher Bewusstseinsdimensionen.

Mit der „Austreibung aus dem Paradies" ist gemeint, dass die Menschen vor den „Adamiten" (Vormenschen) insofern im „Paradies" lebten, als sie noch kein reflektierendes Ichbewusstsein hatten und darum wie die Tiere noch „unschuldig" waren. Mit den Adamiten beginnt eine erste Verlagerung hin zum „Geist", was so viel bedeutet, dass das reflektierende Bewusstsein von jetzt an aus der Latenz erweckt wurde und insofern als der eigentliche Anfang der Menschheit zu bezeichnen ist. Denn erst jetzt ermöglichte dieses Bewusstsein den Menschen im wahrsten Sinne die Möglichkeit, „Gott" zu erkennen, was wiederum daran gebunden war, den „Garten Eden" verlassen zu müssen, nämlich sich von „Gott zu trennen". Von da ab musste der Mensch mehr und mehr Entscheidungen treffen, für die er die alleinige Verantwortung trug. Der Mensch wurde mündig, indem er einen „freien Willen" erhielt, denn ihm wurden die Augen für eine freie Entscheidung geöffnet, um entweder Gott zu lieben oder seinem triebhaften Weltstreben ausgeliefert zu sein. Zugleich eröffnete sich dem Menschen mit diesem Bewusstseinswandel ein „Entwicklungsprogramm" seines Bewusstseins, über das sich die Menschen wieder zur Höhe des Bewusstseinslevels ihrer „ehemaligen Herkunftsheimat" empor differenzieren können und sich vom „archaischen Bewusstsein" der Vormenschen über magische und mythologische Bewusstseinsstrukturen bis hin zum mentalen Ichbewusstsein[3] entwickeln können.

Der Beginn dieses Prozesses wird in der „Genesis" sehr ausführlich beschrieben, jedoch in „Bildern", die bis heute noch immer zu kontroversen Interpretationen führen. So ist z.B. das „Verbot", vom „Baum der Erkenntnis" zu essen, oder die „Austreibung aus dem Paradies" nicht – wie in der Genesis oft so missverständlich – als Bestrafung für die Übertretung eines Verbotes zu verstehen, sondern nur eine Art „Zurechtrücken des Bewusstseins in einer gänzlich neuen Lebenssituation." Denn in der Erschaffung des Menschen als „Ebenbild Gottes" erfuhr der Mensch eine bewusste und beängstigende „Trennung", die in der „Austreibung" symbolisch dargestellt wird. Damit verbunden war die von nun an den Menschen auferlegte Verantwortlichkeit für alle ihre freien Entscheidungen, auch gegen „Verbote" zu verstoßen, z.B. den „Apfel vom Baum der Erkenntnis zu pflücken," und darüber die eigene „Sterblichkeit" für die begrenzte Zeitlichkeit im Leben auf Erden bewusst zu erfahren. Dieses Erleben des Todes betrifft jedoch nur die zeitlichen „Bilder in der Welt", nicht aber das hinter den Bildern wesende „ewige Leben der Seele". Denn solange der Mensch sich allein mit den „Bildern" identifiziert, lebt er in der „Furcht Gottes" und kann nur über die Liebe und die darin gegebene Selbsterkenntnis daraus erlöst werden.
In diesem Zusammenhang stellt sich – auch im Hinblick auf die eher symbolischen Analogien der Genesis – immer wieder die Frage nach der „Herkunft der Menschheit", die im 19.Jahrhundert mit Darwin und Haeckel zu den bis heute anhaltenden Kontroversen über die Verwandtschaft von Primaten mit dem Menschen für Irritation sorgten. Diese Verwandtschaft ist zweifelsfrei biologisch gegeben, der Beweis für eine daraus abzuleitende Weiterentwicklung des Menschen vom Affen „scheiterte" lediglich am „geistigen Verbindungsglied", dem Bewusstseinsunterschied zwischen Mensch und Affen. Hierzu kam folgende Durchsage:

> *„Natürlich seid ihr mit der ganzen Natur biologisch verwandt, so wie im Universum alles gemeinsame Materie und gemeinsamer Geist ist. Nur hinsichtlich der Bewusstseinsebenen sind die Geschöpfe sehr unterschiedlich, denn der Mensch hat ein Ichbewusstsein, das Tier nicht. Das Tier besitzt*

[3] Gebser / Ursprung und Gegenwart

zwar einen Instinkt, kann aber nicht wie ihr bewusst seinen Weg erleben, sondern erleidet ihn. Die Affen als Primaten haben mit dem Menschen eine gemeinsame biologische Wurzel, bleiben aber Tiere. Der Mensch entstand im Gegensatz dazu erst durch die „Einwohnung des Lichts" aus der spirituellen Hierarchie, was ihm die Intelligenz und den freien Willen bescherte. Der Affe als höchste Stufe im Tierreich bot sich als Primat für die „Einwohnung des Geistes" an. Erst danach kann man vom Menschen sprechen. Es handelt sich dabei nicht mehr um eine biologische Weiter- oder Höherentwicklung, sondern um einen „spirituellen Akt" einer geistigen Eingabe."

Die biologisch-physiologische Basis bestimmt lediglich das „Bild" (Phänomen) als Träger für einen „inkarnierenden Geist", und allein diese spirituelle Einstrahlung erzeugt in der Physis eine Frequenz für ein bestimmtes Bewusstsein. So wurde der Mensch zu einem sprechenden Wesen: „Das fleischgewordene Wort". Insofern stammen zwar alle heutigen Menschen ursprünglich biologisch von den Affen ab, wobei allerdings die erste inkarnierende Population der Adamiten in diesen biologischen Trägern über einen substanziellbewusstseinsmäßigen Akt einer Fusion zum *Menschen* inkarnierten. Aborigines und Neandertaler existierten z.B. zeitlich lange vor den Adamiten als „*Vormenschen*", was auch für einige Negerrassen gilt. Im Gegensatz dazu gehörten die damaligen parallel lebenden Ägypter zu den Resten vergangener Kulturen, die vor der letzten Katastrophe (Sintflut) gelebt hatten. Diese „parallele Überschneidung" ermöglichte es den „Adamiten", durch eine Betreuung und Hilfeleistung von „Halbgöttern und Engeln" den schweren „Start" auf Erden ins neue Äon zu bewältigen. Diese Hilfe war insofern notwendig, weil mit der „Ablösung aus der höheren Dimension", in der die erste Menschheit herkunftsmäßig einst „beheimatet" war, auf Erden eine ganz neue Standortbestimmung notwendig wurde. Die Menschen waren von nun an vom „Himmel" ausgeschlossen und mussten über ihre eigenen mentalen Fähigkeiten wieder zu Gott zurückfinden. Erst jetzt entstanden Vorstellungen und Begriffe wie „Furcht Gottes" oder „Gerechtigkeit Gottes", die z.B. Henoch den Menschen verkündete. Das sind die ersten Begriffe, die überhaupt mit Gott in Verbindung gebracht wurden. Noch lange nicht die „LIEBE", die erst durch Christus ins Bewusstsein der Menschheit gelangte und erst heute mit der „Öffnung" zur nächsthöheren Dimension bewusst erfahren und somit auch umgesetzt werden kann; denn sie allein ist die entscheidende Bedingung für die weitere Rückkehr in den Geist im „Wiederaufstieg zum „Himmel": Auferstehung als Erlösung aus dem Reich des Todes, um den Weg heraus aus dem Dunkel in das reine Licht der „Auferstehung" zu beginnen. Diese Rückspiegelung als Wiederaufstieg der Seele geht allein über die Höherpotenzierung des Bewusstseins der Menschen. Es ist die Fortsetzung einer Entwicklung von der einst reinen animalischen Körperlichkeit des Menschen mit den Mitteln des Bewusstseins bis hin zur reinen Spiritualität höherer Dimensionen zu kommen. Es ist die Aufgabe der Menschheit, diese Transparenz der Körperlichkeit zu erbringen und den Primat des Bewusstseins wieder zum bestimmenden Faktor im Leben zu machen.

Aufgabe und Ziel im „adamitischen Äon" (ca. 12.000 Jahre) war es für die Menschheit, sich der „Schwere der Materie" zu entledigen, mit anderen Worten: sich des animalischen Anteils in der Physis bewusst zu werden, um diesen zu überwinden. Im nun folgenden Äon, das gegenwärtig beginnt, wird es die Aufgabe sein, den „Geist als bestimmenden Energieträger über Gedanken" in bewusst beherrschte Bahnen zu lenken, und das heißt, im Leben die rein lineare Prozesshaftigkeit der Zeit zugunsten von quantenbewussten Zustandsvorstellungen zu überwinden, was gegenwärtig den Menschen nur im Traum möglich ist, nämlich nur dann, wenn sich der „Ätherleib" von der Schwere des physischen Körpers „befreit" und getrennt hat. Im Wachzustand verhindert vorerst noch die alles beherrschende Physis eine solche „Transparenz auf spirituelle Bewusstseinszustände". Der Neandertaler hatte überhaupt noch keinen „Geist" und musste sich erst allmählich zum „Denken hin entwickeln".

Aufgabe und Ziel des Menschen im zukünftigen „Bewusstseinsaufstieg" wird es sein, „Lichtkörper und physischen Körper" wieder zu vereinen, um sich zum vollen Potential zu entwickeln und zugleich das „Quantenbewusstsein" als integrierenden und allein bestimmenden Faktor im Physischen zu initiieren. Im gegenwärtigen Bewusstsein empfinden die Menschen Körper und Seele noch zu sehr als getrennte Aspekte, wohingegen beide in höheren Bewusstseinsdimensionen immer vereint wirksam sind. Dieses Getrenntheitsgefühl ist in der Bewusstseinsdimension des Kosmos einzigartig und dient als „Opfer" für die Aufgabe, über diese Spannung die Liebe zu erbringen. Ziel der neuen Population wird es sein, die Liebe nicht in der Erkenntnis eines hybriden Intellektes erstarren zu lassen, sondern sie mit der Wärme lebendiger Empfindungen zu beleben, um das gegenwärtig völlig verstiegene Bewusstsein, welches so nicht mehr wandlungsfähig ist, wieder höheren Einstrahlungen zu öffnen.

Die heutige Menschheit ist am Endpunkt des „Adamitischen Äons" angelangt. Diese Endphase, die Gebser zurecht als eine defizitäre bezeichnet, erscheint in ihrem Übergangscharakter deshalb so chaotisch, weil die Auflösungserscheinungen einerseits und der Neuanfang bisher latenter Bewusstseinsstrukturen andererseits sich in ihrer Gegensätzlichkeit schwer vereinen lassen. Hinzu kommt noch, dass das gegenwärtige völlig rigide mentale Bewusstsein so nicht mehr wandlungs- und weiterentwicklungsfähig ist. Erst das mit der neuen Population sich anbahnende Supramental wird den Auflösungsprozess des alten Bewusstseins beschleunigen, um sich dann eigene, neue Strukturen zu schaffen.

J. Gebser / Ursprung und Gegenwart

Die Bewusstseinsentwicklung im vergangenen Äon überspannt ca. 20.000 Jahre. Während dieser Zeit absolvierte die Menschheit vier verschiedene Entwicklungsstadien, in denen alle ihrer objektiven und subjektiven Wahrnehmungen einer immer wieder erneuten Umwandlung unterzogen wurden. Von der eindimensionalen Wahrnehmung eines rein sinnenhaften Bemerkens des Frühmenschen bis hin zum heutigen dreidimensionalen Fürwahrnehmen erleben die Menschen diesen sich ständig wandelnden Prozess primär in einer linear-zeitlichen Ausrichtung, dessen Ursache die Herausbildung eines Ichbewusstseins ist. Mit dem sich gegenwärtig neu anbahnenden supramentalen Bewusstsein eröffnet sich dem Menschen in Zukunft mehr und mehr auch eine Bewusstseinsrichtung, die nicht allein vordergründig zeitlich linear erlebt wird, sondern auch Bereiche des Weltinnewerdens wie des Phantastischen erschließt und das Erfahren der Welt in einen höheren Sinnzusammenhang stellt. Und das bedeutet, dass es im Bewusstsein zwei Ausrichtungen gibt: eine zeitlich-lineare Horizontale und eine Raum und Zeit übersteigende Vertikale.

Rückblickend auf das vergangene Äon benennt Jean Gebser[4] vier „Bewusstseinsmutationen" innerhalb der menschlichen Bewusstseinsentwicklung. Dazu analog muss man auch noch die Bewusstseinsveränderungen sehen, die jeder einzelne Mensch im Laufe seines Lebens von der Kindheit bis zur Reifezeit durchmacht, weil jeder Mensch bekanntlich in seiner Ontogenese in zusammengeraffter Form die sich über Jahrtausende erstreckende Phylogenese der gesamten Menschheit wiederholt.

Die vier Bewusstseinsmutationen sind: 1. Archaische, 2. Magische, 3. Mythologische und 4. Mentale Grundstruktur, wobei die jeweils folgende Epoche die Errungenschaften der bisher vorangegangenen Strukturen integriert. *„Jede höhere Bewusstseinsform integriert die vorherige, indem sie diese mit dem neu erreichten Bewusstseinsstand verwandelnd wirksam macht."* (Ken Wilber)[5]

1. Die **archaische Bewusstseinsstruktur** ist eine „null-dimensionale", traum- und zeitlose Ununterschiedenheit von Mensch und All. Es herrscht ein noch problemloser Einklang von Natur und Mensch. Die „Seele" schläft noch genau wie in der Tierwelt. Die Wahrnehmung ist ein rein sinnliches Bemerken und hat gegenständlichen Charakter. Die einfachste nicht mehr unterscheidbare Qualität ist das Empfinden, das Lust-Unlust-Prinzip. (Neandertaler, Vormenschen – dieser Bewusstseinszustand entspricht dem Säugling und Kleinstkind).

---

[4] Jean Gebser strebte auch in seinem Werk „Ursprung und Gegenwart"danach, wissenschaftliche und spirituelle Erkenntnisse zu verbinden.
[5] Ken Wilber, „Halbzeit der Evolution"

2. Die **magische Bewusstseinsstruktur** wird bereits zur eindimensionalen und tritt aus der Raum- und Zeitlosigkeit heraus. Jedoch ist alles, was noch in der Seele schläft, vorerst nur spiegelbildlich im Außen wach. Der Mensch beginnt zu wollen; doch ein sittliches Bewusstsein, das eine Verantwortung zu tragen imstande wäre, weil es auf einem bewussten Ich beruht, liegt für die Ich-Losigkeit des magischen Menschen noch nicht vor. Es handelt sich jetzt um ein gemeinsam erlebendes Wahrnehmen, so dass bereits eine Art „Weltinnewerden" zustande kommt, weil sinnliche Einwirkungen bereits in ein Erleben übersetzt werden. Diese Phase entspricht dem Kleinkind, der Trotzphase mit dem Beginn eines Ichbewusstseins – („Gruppen-Ich, Magie, Märchen und Zauber, Große Mutter").

3. Die **mythologische Bewusstseinsstruktur** beinhaltet bereits ein Bewusstwerden der Seele und damit zugleich auch das bewusste Erfahren einer Zeitlichkeit und Endlichkeit aller Lebensprozesse. Der Mensch tritt in die Spannung einer zweidimensionalen Polarität. So wird jetzt neben der „Erde" auch der „Himmel" bewusst wahrgenommen. Das Erfahren der Seele ist das sichtbarste Zeichen einer Bewusstwerdung des eigenen Ich, und auf dem Umweg über dieses Erwachen seiner selbst erwacht auch das Du. Im mythologischen Bewusstsein entspricht parallel dem bewussten Erfahren einer Seele ein erstes imaginäres Wahrnehmen, weil neben dem äußerlichen Wahrnehmen auch eine Traum- und Vorstellungswelt erfahren und erlebt wird. Diese Phase entspricht der Kindheit, Einschulung und dem Beginn einer ersten Sozialisierung. (Ägypten, Astrologie, Vielgötterei, Individualität)

4. Die Phase der **mentalen Bewusstseinsstruktur** setzt Gebser zeitlich im ersten vorchristlichen Jahrtausend an: in Griechenland mit der Philosophie, in Israel mit dem Monotheismus und in Rom mit der Staatslehre: Moses – Platon – Augustus. Mit der "Entdeckung" des Monotheismus erfährt sich der Mensch als voll erwachtes reflektierendes Ich. Hier ist der voll bewusste Dualismus von Gott und seinem „Ebenbild", dem Menschen, erreicht: reflektierendes Selbsterkennen und Verantwortlichkeit für das eigene Leben. Das von nun an reflektierende Wahrnehmen wird quasi „dreidimensional", weil über das erwachte Ich der Mensch in der Lage ist, über vordergründiges Wahrnehmen hinaus auch seiner selbst und der Welt inne zu werden, was erstmalig ein Fürwahrnehmen[6] ermöglicht und zum abstrakten Denken führt. Auch Phillip Lersch spricht in diesem Zusammenhang von zwei Wahrnehmungsmöglichkeiten: von einer horizontalen Verflochtenheit von Seele und Welt, dem sogenannten konditionierten

---

[6] Fürwahrnehmen ist eine nicht durch die Sinne empfangene und daher nicht konditionierte Wahrnehmung.

„Funktionieren" im Leben, und von einer vertikalen Ganzheit der davon unterscheidbaren seelischen Vollzüge und Zustände. Diese Phase könnte man mit der Adoleszenz, dem Reifeprozess des Jugendlichen zum Erwachsenen vergleichen. Die höchsten mentalen Ausformungen sind dabei im Wahrnehmen des Menschen das Fürwahrnehmen und das Weltinnewerden. Es geht um das Offenbarwerden des „Verhüllten" über ein Fürwahrnehmen.

Diese letzte, bereits seit ca. 2.500 Jahren andauernde „mentale Bewusstseinsphase" ist seit der Renaissance (16. Jh.) in ihre „defizitäre Endphase" getreten. Gegenwärtig befindet sich die Menschheit daher in einer „Übergangsphase" zu einer neuen Bewusstseinsstruktur, die Gebser als „vierdimensionale" und Aurobindo als „supramentales Bewusstsein" bezeichnet. Darunter versteht man ein Bewusstsein, das transpersonal über das Ich hinausweist, und zwar im Sinne einer „Transparenz" neuer Wahrnehmungsmöglichkeiten: „Diaphanität" – Durchsichtigkeit auf ein „Erscheinendes" im Innern. Andere Bezeichnungen für dieses neue supramentale Bewusstsein sind „integrales" oder „raum- und zeitfreies, spirituelles" Bewusstsein vor allem aber „Quantenbewusstsein". Alle diese Begriffe meinen ein Gleiches, allerdings können darüber noch kaum verbindlichen Aussagen gemacht werden, weil wir gegenwärtig die neuen Bewusstseinsmöglichkeiten ansatzweise nur erahnen können, obwohl sich diese Veränderungen in der Gegenwart bereits deutlich bemerkbar machen. Dieser „fließende Bewusstseinsverlauf" einer permanenten „Höherpotenzierung" erfolgt beim Menschen nicht automatisch, sondern der Mensch muss jede „Einweihung" selbst mit initiieren; denn der Mensch (homo sapiens) mit seinen „Energiefeldern des Erkennens" ist so beschaffen, dass er auf die in ihm langsam hervorbrechende spirituelle Willensenergie mit seinen Schwingungen intelligent reagiert muss, und das bedeutet: Er wird als „Unschärferelation" zum Bindeglied zwischen den beiden Polaritäten von Geist und Materie.

Der Mensch

Doppelnatur oder „Unschärferelation"
als Zwischenbereich von Geist und Materie

Seitdem die Entdeckung der „Unschärfe-Relation" von Heisenberg das bisher inthronisierte mechanistische Weltbild erschüttert hat, ist diese ein bis heute „ungeliebtes Kind" der Naturwissenschaften geblieben. Denn die in der „Aufklärung" gewonnene Vergewisserung der Autonomie des menschlichen Geistes wurde dadurch wieder in Frage gestellt, dass seinem souveränen Erkennen und Forschen, jener durchdringenden Erkenntniskraft menschlichen Geistes eine neuerliche Grenze gesetzt wurde. Diese verhinderte nicht nur die bis dato so „vernünftig" überprüfbare Methode quantifizierbarer Ergebnisse, sondern brachte auch jenes scheinbar unumstößliche Fundament einer „vernünftigen Weltordnung" zum Einsturz, nach welcher allein die „Verstandeserkenntnis" der einzig zuverlässige Weg sei, um diese Weltordnung widerspruchsfrei erschließen und bejahen zu können. In diesem absoluten Anspruch des „aufgeklärten Menschen" schwingt die uralte Sehnsucht der Menschheit mit, sich in der prinzipiellen Unsicherheit und letztendlichen Sterblichkeit menschlicher Existenz durch die Erfahrung einer unanfechtbaren Sinnhaftigkeit zu trösten.

Aber einen wirklichen Sinn erfährt der Mensch allein über die Erkenntnis und Akzeptanz seiner unbegreiflichen dualen physisch-geistigen Existenz, die selbst quasi einen „Unschärfe-Zustand" darstellt, während das Maß für eine menschliche Welt-Erkenntnis letztendlich immer der Mensch selbst bleibt. So sehr es ihn auch fasziniert, das Welt-Ganze mehr und mehr in sein „Begreifen" hinein zu holen, er selbst bleibt sich in all seinem Forschen ein „rätselhaftes Fragment" eines allumfassenden Sinnzusammenhangs, den er mit seinem allein von der Vernunft her bestimmten Bewusstsein niemals erfassen wird, da die Vernunft sich selbst nie übersteigen kann. Daher ist die Fixierung auf jenes *„Maß des Menschen"*[7], an welcher die heutige Schulwissenschaft leider immer noch zwanghaft festhält, zur gegenwärtigen Sackgasse geworden. Dieses starre Festhalten erzeugt nur jene hybrisch-intellektuelle Verstiegenheit, die alle schöpferischen neuen Erkenntnismöglichkeiten blockiert. Und das nur, weil die wissenschaftliche Forschung ihre rigide Kontrolle alles bisher „Ver-

---

[7] vgl. den „homo-Mensura-Satz" [lateinisch homo "Mensch„ und mensura "Maß„] des sophistischen Philosophen Protagoras: „Der Mensch ist das Maß aller Dinge: der seienden, dass und wie sie sind, sowie der nicht seienden, dass und wie sie nicht sind"; das heißt: Es gibt keine allgemein gültige Wahrheit; wahr sind die Dinge, wie sie dem Menschen jeweils erscheinen.

standenen" auf der Basis überholter Messsysteme nicht aus der Hand geben will und darum nicht bereit ist, jenen Blickwinkel preiszugeben, nach dem der „vernünftige Mensch" selbst das Maß des von ihm Erkannten sei, was unweigerlich in einem wissenschaftlichen „Circulus vitiosus" münden muss.

Denn die Erfahrung wirklicher Sinnhaftigkeit menschlicher Existenz wird sich allein durch ein Überschreiten des bisherigen mentalen Bewusstseins in das supramentale oder „Quantenbewusstsein" erschließen. Dabei ist die Unschärfe-Relation von Welle und Teilchen bereits der unmissverständliche Hinweis darauf, dass das Wesen aller Dinge nicht in den Dingen selber zu suchen ist, sondern als das Wesenhafte zwischen den Dingen. Es scheint gerade so zu sein, als wollten die „Teilchen" unseren Blick von sich weg auf ihren immateriellen Ursprung und Seinsgrund hin lenken.[8] Damit weist die „Unschärfe-Relation" darüber hinaus noch auf einen anstehenden Paradigmenwechsel in der gesamten Bewusstseinsentwicklung hin, nämlich auf das neue supramentale Bewusstsein und öffnet dadurch bereits den Einstieg in das „Quantenbewusstsein", welches die Funktion des Menschen im Universum, seine Aufgabe und Verantwortung im Lichte einer neuen integralen Bezogenheit auf das Sinnganze offenbaren wird. Die größte Hürde für das bisherige mentale Bewusstsein, jener „Quantensprung" ins neue Bewusstsein, besteht dabei allerdings schon in dessen Anfangsbedingung: sich einzulassen auf ein Erkennen, dessen Maß nicht mehr der (nach seiner Natur) allein erkennende Mensch ist, sondern der in ihm wirkende GEIST selbst, der in allen Dingen latent „in potentia" ruht, um sich in unerschöpflicher Vielfalt zu manifestieren.

Denn der Keim für alles Leben liegt in der „Potentia", und diese ist als „Allgegenwart Gottes" die „Substanz des Äthers". Dieses „Allbewusstsein" manifestiert den schöpferischen Plan Gottes für das gesamte Universum, wobei die schöpferische Willensenergie als erster „Energiestrahl" im „Äther" der beherrschende Faktor in jeder Erscheinungsform ist; denn alle manifesten Formen bestehen aus Energie.[9] Das gilt im besonderen Maße für den Menschen, der durch seinen „Ätherkörper" mit dem gesamten Universum verbunden ist. Der Ätherkörper ist somit zugleich Träger und Ausdrucksform einer vorherrschenden Energie, von der die Menschheit im jeweiligen historisch zeitlichen Zyklus beherrscht wird.[10] Denn der Ätherleib ist die Voraussetzung für die gedankliche Beeinflussung des Bewusstseins aller Menschen, was letztendlich zu einer „globalen" Ausrichtung im Denken führt. Denn jeder

---

[8] Augustinus lässt in seinen „Bekenntnissen" die Sterne sagen: „Wir sind es nicht; Er hat uns geschaffen." (10. Buch, 6. Kapitel)
[9] Max Planck, „Where is science going?" (1932)
[10] Marco Bischof spricht in diesem Zusammenhang hinsichtlich der gegenwärtigen theoretischen Physik von der „Wiedergeburt des Äthers", S. 401 in „Biophotonen"

Mensch ist immer Empfänger gelenkter Gedanken, die sein Bewusstsein und seine Seele auf Übereinstimmung bringen, so dass die empfangenen Gedanken in und durch seinen eigenen ätherischen Energiekörper hindurch wirken.

„Eine Materie an sich gibt es dabei nicht! Denn alle Materie entsteht und besteht nur durch den Geist. Dieser Geist ist der Urgrund aller Materie, wobei nicht die sichtbare und vergängliche Materie das wahre Reale ist, sondern der unsichtbare und unsterbliche Geist dahinter: GOTT.“
(Max Planck)

TEIL I

Die zwei Körper: Physis und Ätherleib

„ ... zwei Seelen wohnen, ach! in meiner Brust ...“ (Goethe)

„Der Mensch ist ein beseeltes Wesen. Was sich aufsteigend aus der Tiefe unseres Inneren in uns vollzieht als der Wechsel unserer Gefühle und Stimmungen, unserer Erregungen und Leidenschaften, als der Drang unserer Triebe und Strebungen, als der Ablauf unserer Entscheidungen und Handlungen, als das Spiel unserer Vorstellungen und Gedanken, mit denen wir die Weiten von Raum und Zeit umgreifen – all das ist es, worin sich unser auf die Welt entworfenes Dasein entfaltet und erfüllt. Und das, was wir Leben nennen, ist das umgreifende Ganze, in das alles Seelische mit seiner Mannigfaltigkeit eingebettet ist.“ (Phillip Lersch)

Da im Universum alles zusammenhängt, besitzt auch die Menschheit alle „Substanzen“ der Schöpfung. Im Kosmos besitzt der Mensch nicht nur einen biologisch-physiologischen Körper, der Träger der Sinne und die Voraussetzung für die phänomenale Darstellung in den Bedingungen dieser Erde ist, sondern darüber hinaus auch einen „Ätherleib“, der Träger der Bewusstseinsfrequenzen und mit dem physischen Körper eng verbunden ist. Diese *„feinstoffliche Substanz des Ätherleibes“* ist den Menschen beim „Abstieg des Bewusstseins“[11] aus höheren spirituellen Dimensionen erhalten geblieben

---

[11] Smigelski , „Schöpfung“ und „Inkarnation“ über Ab- und Aufstieg des Bewusstseins im Universum. (Durchsagen)

und bestimmt in Verbindung mit den physischen Voraussetzungen die Entwicklung im Leben eines jeden Menschen. Denn der Mensch ist ein Doppelwesen, ein „Kentaur", in dem Leib und Seele untrennbar im Leben vereint sind. Der physisch-biologische Leib ist der zeitlich begrenzte und sterbliche Funktionsbereich eines organischen Stoffwechsels und somit der Träger der gesamten Vitalität. Mit diesem physischen Körper eng verbunden und diesen umhüllend gibt es noch den feinstofflichen „Ätherkörper" als Funktionsbereich des Psychischen, worüber der Empfang aller Lebensenergien erfolgt. Dieser feinstoffliche Ätherleib ist dem „Zwitterwesen" Mensch neben dessen grob-physischem Körper als „geistiger Führer" mitgegeben worden. Allein über dessen feinstoffliche Substanz werden die interdimensionalen Verbindungen für die Lebensbedingungen der Menschen aufrecht erhalten, indem sich jeder Mensch während des Schlafens nur in seinem Ätherkörper aufhält, um neue Lebensenergien zu „tanken": *„und das ist euer „Traumkörper", in dem ihr zwar auch Wahrnehmungen habt, die aber nicht mit der grobstofflichen Sinneswahrnehmung zu vergleichen sind; denn diese feinstofflichere Substanz ist dem Geistursprung viel ähnlicher. Und darum fließen über diesen „Körper" auch im Wachbewusstsein alle eure Vorstellungen, Gefühle, Gedanken, Phantasien und euer gesamtes Denken".*

Denn unentwegt strömen Energien in die Menschheit als Ganzes ein, deren besondere Eigenschaft es ist, als Strahlenenergie das Bewusstsein zu beleben, um das zu erwecken, was in allen materiellen Formen verborgen ruht, nämlich das innere „spirituelle Sein" . Diese „Strahlenenergien", die auf die Menschheit einwirken, „erheben" immer wieder auch deren Natur in ein neues Bewusstseinsstadium. Hierfür *„seufzt die ganze Schöpfung und plagt sich in Schmerzen bis zum heutigen Tag".* (Römer 8,22), aber nur in diesem schmerzhaften Umwandlungsprozess liegt das Geheimnis der „Auferstehung"; denn *„ihr werdet alle verwandelt werden."* Völker kommen auf die Weltbühne und verschwinden wieder, um aufs Neue zu erscheinen. Spirituelle „Wiedergeburt" und zyklisches Geschehen liegen hinter allem sichtbaren Geschehen und hinter allen sichtbaren Formen. Dies ist ein Aspekt des pulsierenden „Gotteslebens" selbst, ein „Aus- und Einatmen" göttlicher Existenz und zugleich Manifestation und das Geheimnis, das hinter der Doppelnatur von „Geist und Materie" als polaren Gegensätzen ruht, die unter dem großen Gesetz der Anziehung und Abstoßung stehen. So wie die Energiestrahlen das ihrige tun, um den Menschen in eine Form zu bringen, die seine wesentliche und wirkliche ist, ebenso kann auch der Mensch über sein Bewusstsein dieses Werk mitgestalten und stetig fortsetzen. So wenig auch die Menschheit heute davon weiß, das Schöpfungswerk geht voran und der Plan wird erfüllt. Die heutige Wissenschaft hat den Nachweis der verschiedenen Energien im Kosmos bereits erbracht; und die wachsende Erkenntnis, dass jeder Mensch selbst ein energetisches Feld und sogar das Atom eine lebendige, schwingende Wesenheit ist, erhärtet diesen Gesichtspunkt.[12] Die Energie ist der beherrschende Faktor in jeder Erscheinungsform, weil alle manifesten Formen aus Energie bestehen, und der Mensch bildet dabei keine Ausnahme. Das „Licht als sichtbare Energiequelle" auf Erden ermöglicht den Beweis jener Synonymität von „Materie und Energie" in der „Unschärferelation" von Welle und Teilchen[13].

Alle Energien treten über die integrierende Kraft des „Äthers" (als Medium) im Kosmos miteinander in Verbindung, wobei der Impuls dafür in der energetischen Substanz des Äthers selbst liegt und die Energien sich in allen Manifestationen im Kosmos zu Phänomenen verdichten. Für diese Energie-Strahlen ist der „Ätherkörper" die Empfangsstelle und zugleich der integrale Bestandteil aller „Substanzformen"; denn dieser ätherische Energiekörper ist die Wesensäußerung alles Lebens, indem über ihn jede Form auf der äußeren, objektiven Ebene beseelt wird; und durch dieses „Medium" ist jeder Mensch grundsätzlich mit jeder anderen Ausdrucksform des göttlichen Lebens verbunden. Die Funktion des Ätherkörpers besteht darin, Energieimpulse aufzunehmen und durch diese Impulse oder Kraftströme alle Aktivitäten zu ermöglichen.

Zusammenfassung:

1. „Der grob-physische Körper" ist die Gesamtsumme aller Organismen, aus denen er besteht. Diese haben jene vielfältigen Funktionen, welche die Seele befähigen, sich als Funktionsträger eines größeren und umfassenderen Systems zum Ausdruck zu bringen. Dabei ist der physische Körper der „Reaktionsapparat" des innewohnenden feinstofflichen Ätherkörpers, der dazu dient, die geistige Wesenheit des Menschen mit dem universellen und spirituell übergeordneten Lebensträger, in dem wir leben, in Verbindung zu bringen.
2. „Der Ätherkörper" hat vor allem die Funktion, den physischen Körper zu beleben und zu aktivieren und ihn dadurch in den „Energiekörper" des gesamten Kosmos einzugliedern. Er ist ein Gewebe von Kraftfäden, die für das Einströmen der Urenergie des Lichtes notwendig sind und er ist ein Teil jenes riesigen Energienetzes, das die Grundlage für alle makrokosmischen und mikrokosmischen Formen bildet. Entlang dieser Energiefäden strömen die Energien genauso wie das Blut durch die Arterien und Venen. Dieser permanente Kreislauf der Lebenskräfte fließt durch die Ätherkörper aller Geschöpfe und ist die Grundlage für das gesamte manifestierte Leben.

---

[12] Alice Bailey, „Das Bewusstsein des Atoms"
[13] Die neue physikalische Betrachtungsweise des paradoxen Wellen-Teilchen-Dualismus führte Niels Bohr ein. Dabei handele es sich weniger um Polaritäten, sondern komplementäre Eigenschaften.

I. DIE PHYSIS

„Aufbau der Person" nach Phillip Lersch

Phillip Lersch greift diesen Gedanken von „Leib und Seele" auf und beschreibt in seiner Schrift „Aufbau der Person" den Menschen in allen seinen Lebensäußerungen als Ergebnis einer durchlaufenen jahrtausendelangen Entwicklung und Ausfaltung. In einem tektonisch gegliederten dreiteiligen „Schichtenmodell" stellt Lersch die in einer langen zeitlichen Entwicklung herausgebildeten Lebensäußerungen der heutigen Menschheit dar, an dem sich unschwer die Entwicklungsstufen der Menschheit vom Vormenschen bis zum heutigen Menschen wieder erkennen lassen. Genau wie beim einzelnen Menschen beginnt das eigentliche Menschsein erst mit der bewussten Ausprägung des ICH.

Diese „Schichten" oder Bewusstseinsebenen sind nicht als Analogie zu geologischen Gesteinsformationen zu sehen, sondern als ein sich gegenseitig bedingendes Beisammensein eines integrativen Ganzen, dessen Teile sich gegenseitig funktionell durchdringen. Lersch benennt folgende drei Funktionsbereiche: 1. den vitalen Lebensgrund, 2. den endothymen Bereich (Endothymos ist das Stammhirn, wo alle triebhaften und emotionalen Bewegungen registriert werden) und 3. den kortikalen personellen Oberbau (Kortex ist die Hirnrinde, in der alle intelligiblen Vorgänge ablaufen).Entscheidend ist dabei die jeweilige Akzentuierung der Bereiche im Leben eines Menschen und das Verhältnis dieser drei Schichten untereinander. Denn beim Menschen sind alle Schichten über das ICH integriert, um darüber zu einer individuellen Persönlichkeit zu werden. Denn alle diese Lebensäußerungen sind nur auf dem Hintergrund eines Ichbewusstseins versteh- und erklärbar und bedürfen einer Ordnung und Steuerung, die vom Denken und Wollen vollzogen wird. Es handelt sich dabei um die ursächlich bedingenden Spannungen zwischen jener unauflöslichen materiellen Verbundenheit, die einerseits im animalischen Trieb gründet und jene nie erfüllbare, unersättliche Begehrlichkeit erzeugt, und zum anderen in der Sehnsucht nach Erlösung daraus.

Vitalgrund – der Lebensgrund / Triebe und Strebungen

Die Vitalsphäre ist die Gesamtheit aller organischen Zustände und Vorgänge, die sich im physischen Leib abspielen – es ist der biologisch-physiologische Träger, der die Vorbedingung für seelisches Leben im Menschen schafft; denn Leiblich-Materielles und Seelisch-Immaterielles stehen in ständiger wechselseitiger Beziehung und stellen eine integrierte, polar-koexistentielle Ganzheit dar. Für sich allein betrachtet handelt es sich um den animalisch-physischen, rein organischen Anteil im Menschen, und in Analogie zur Bewusstseinsentwicklung der gesamten Menschheit entspricht diese Vitalsphäre dem eindimensionalen archaischen Bewusstsein des Frühmenschen und innerhalb der Entwicklung jedes einzelnen Menschen dem Stadium des Säuglings.

Mit dem allmählichen Erwachen des ICH beginnt der Mensch mehr und mehr bewusst die Welt zu erfahren. Ihm öffnet sich eine Welt des Erlebens wechselnder seelischer Vorgänge, Inhalte und Zustände. Es sind Stimmungen, Gefühle, Affekte, Gemütsbewegungen sowie Triebe und Strebungen. Durch diese „Antriebserlebnisse" wird das seelische Leben wesentlich in Gang gebracht, weil diese aus Bedürfnissen von Grundbefindlichkeiten entstehen und für Selbsterhaltung, Selbstentfaltung und Selbstgestaltung die Voraussetzungen bilden. Bedürfnisse sind immer richtungsbestimmt, denn es geht dabei um ein Ziel und dessen Erreichung und sie sind somit zugleich immer auch Wertgerichtetheiten.

In dieser Auflistung der menschlichen Triebe und Strebungen sind die Grundrichtungen der seelischen Dynamik eines Menschen (sein Temperament) aufgezeigt. Diese sind nicht seit Beginn der Menschheit oder von der Geburt eines Kindes an voll entwickelt, sondern kommen erst allmählich auf den verschiedenen Entwicklungsstufen zur Entfaltung und lassen genetisch aufeinander aufbauend je eine besondere Seite des menschlichen Seins sichtbar werden. Insofern muss das genetisch Spätere als Umformung und Modifikation des genetisch Früheren verstanden werden. Denn die Menschen sind durch die Gene ihrer Vorfahren zwar biologisch vorgeprägt, erfahren aber über die Psyche im Leben erst eine endgültige Ausgestaltung ihrer individuellen Persönlichkeit. Triebe und Strebungen sind also allen späteren Erfahrungen strukturell vorgeordnet und werden erst danach zu Antriebserlebnissen, die dann wiederum alle Strebungen zu individuellen Wertgerichtetheiten umwandeln. Diese werden vom Bewusstsein als Qualitäten registriert, was wiederum ein zukünftiges „Angemutetwerden" zur Folge hat. Strebungen und Anmutungserlebnisse sind also immer aufeinander bezogen. Hierin liegt auch die Nahtstelle zwischen den Gefühlen und den Trieben und Strebungen. Durch Gefühle werden Antriebserlebnisse mit Bedeutsamkeit verbunden und verwandeln so Antriebserlebnisse in Lebenswerte, Bedeutungswerte und Sinnwerte.

Endothymer Grund – die Gefühlsregungen

Auch hier listet Lersch wieder unterschiedliche Gefühlsregungen auf, die er in Gefühlsregungen des „lebendigen Daseins", Gefühlsregungen des „individuellen Selbstseins", Gefühlsregungen des Egoismus, des Machtstrebens und des Geltungsdranges sowie in transitive, d. h. mitmenschliche Gefühlsregungen einteilt. Alle Gefühlsregungen werden vom allgemeinen Lebensgefühl einer Grunddurchtönung eingefärbt, wie sie bereits die Griechen in den vier Temperamenten darstellten: Sanguiniker, Melancholiker, Choleriker und Phlegmatiker. Diese werden von den verschiedenen Körpersäften im Körper hervorgerufen und bestimmen primär im Leben eines Menschen den Grundtonus seiner Gefühlszustände. Sie werden als stationäre leibliche Zustände begrenzt und als diffuse Zustände das ganze Leben lang empfunden. Auf ihnen beruhen alle wechselnden Gestimmtheiten im Leben, die uns über unsere Leiblichkeit quasi als „Innerlichkeit" zum Bewusstsein kommen. Es sind Formen des leib-seelischen Gesamtlebens als „psychosomatische Gestimmtheiten". In ihnen spüren und erfahren die Menschen ihre „Leibgebundenheit" als Eingebundensein in den Zusammenhang mit der organischen (animalischen) Natur; denn die leiblichen Gefühlszustände sind die erlebnishafte Spiegelung aller Vorgänge des physischen Stoffwechsels. Es sind vor allem die Gestimmtheiten, denen eine charakterologische Rolle zukommt und die sich im Charakter eines Menschen am stärksten widerspiegeln, vor allem bei denen, deren Lebensgefühl sich allein in leiblichen Gefühlszuständen erschöpft, wie es bei reinen Genussmenschen oder auch im Zustand einer chronischen Erkrankung oft der Fall ist.

Der personale Oberbau (Kortex) – das Ich-Bewusstsein

Der mentale Funktionsbereich, auch „Mentalbereich" genannt, betrifft das intelligible Denken sowie das vertiefende Weltinnewerden und bildet das wichtigste Instrument aus, das der Seele zur Verfügung steht, um den Sinn des Seins zu erkennen. Übermittler der spirituellen Energien für diesen Bereich ist der „Ätherkörper", der in „ständiger Empfangsbereitschaft" dafür ist und versucht, Impulse und Informationen vom Geist zu empfangen, die leider vom kontrollierenden Ichbewusstsein im Mentalbereich fast immer abgeblockt werden. Dabei sind die beiden Körper, der physische und der ätherische, lediglich Träger und Repräsentanten unterschiedlicher Bewusstseinsebenen. Sie bringen jeweils dasjenige Prinzip zum Ausdruck, das die Haupteigenschaft oder Qualität einer betreffenden Ebene ist. Aber allein über den Ätherkörper kann eine Überwindung der jeweiligen Beschränkung des Erkennens eines Allzusammenhangs in der Schöpfung durch den Zugang zum Quantenbewusstsein ermöglicht werden, denn im Ätherkörper sind alle karmischen Muster enthalten, die im Leben umgesetzt werden und die deshalb das einzig wahre Ergebnis eines Lebens sind.

2. DER ÄTHERLEIB

nach Alice Bailey

„Die Allgegenwart Gottes hat ihre Grundlage in der „Potenzia" des Universums, dem ÄTHER. Das ist ein Sammelbegriff, der den Ozean von Energien umfasst, die alle miteinander in Wechselbeziehungen stehen. Das Integral einer jeden Form im Universum ist der ÄTHERKÖRPER. Das gilt auch für den Menschen als Geschöpf; denn durch den Ätherkörper ist der Mensch mit jedem anderen Wesen des göttlichen Lebens verbunden. Die Funktion des Ätherkörpers besteht darin, Energieimpulse aufzunehmen, die das Leben selbst sind; denn der Ätherkörper ist nichts anderes als Energie, und diese Energie geht von einer zentralen Stelle als universales Denken aus".

Struktur und Bedeutung des Ätherkörpers / Funktionen

Der Ätherkörper ist in Wirklichkeit nichts anderes als Energie, weil seine feinstoffliche „Substanz" aus Myriaden von Kraftfäden oder winzigen Energieströmen besteht, die mit dem emotionalen und mentalen Körper sowie mit der Seele durch deren koordinierende Wirkung in Verbindung gehalten werden. Diese Energieströme üben ihrerseits wieder eine Wirkung auf den physischen Körper aus und veranlassen diesen zu der einen oder anderen Tätigkeit, je nach Art und Stärke der Energie, die den Ätherkörper gerade beherrscht. Die Funktion der Ätherkörper besteht also darin, Energieimpulse aufzunehmen, die das Leben selbst sind. Diese Energien gehen von einer zentralen Stelle als universales Denken aus. Dieses universale Denken wird in hierarchischer Folge in der Schöpfung aufgefangen („angezapft"). Dabei erfahren die hohen Frequenzen aus dem Zentrum, die über Engel, Geister und höchste menschliche Wesen weitergeleitet werden innerhalb des „Abstieges" bis hin zur Materie im Kosmos eine permanente Reduzierung und Umwandlung. Ferner werden über den „Ätherkörper" alle menschlichen Vorstellungen, Gedanken, Phantasien und Intuitionen vermittelt, weil der Ätherleib neben seiner empfangenden Aufgabe in der Weiterleitung aller Energieimpulse die notwendigen Verbindungen zu den parallelen Sinnen in der Physis schafft, die wiederum der Seele als „Verkehrsmittel" zwischen sich und dem Leib dienen. Auf diese Weise sind die Sinne des Leibes wiederum die „Leitzügel" in den Händen der Seele zur Beherrschung des Leibes in der Außenwelt. Leider haben die meisten Menschen davon kaum eine Ahnung und werden erst in Zukunft über eine konsequente Selbsterkenntnis einen allmählichen Zugang zu ihrer Seele erlangen. Denn die Seele enthält in sich alles, und der Mensch findet allein über sein Bewusstsein einen Zugang zu seiner Seele, denn nur über diesen „Geistfunken" steht der Mensch wieder in engster Verbindung mit dem Urgeist Gottes selbst.

Man hat den ätherischen Körper als ein mit Feuer durchwobenes Geflecht oder ein von „goldenem Licht belebtes Gewebe" bezeichnet. Die Bibel (Prediger 12, 6) spricht von ihm als *„güldene Schale"*, nach welcher erst später der dichte physische Körper geformt wird, wobei gemäß dem Gesetz der Anziehung (Adhäsion) die Physis dazu gebracht wird, sich an das Energiemodell anzuheften, bis beide Formen einander vollkommen durchdringen und eine Einheit bilden. *„Das Ganze ist ein umfassendes System der Übermittlung und gegenseitigen Abhängigkeit, wobei der ätherische Körper den Urtypus für den physischen Körper bildet. Der Kern des Ganzen ist die Seele selbst, die den Ätherleib belebt, über den die Lebendigkeit des grobstofflichen Körpers ermöglicht wird. Die Seele selbst ist nicht mehr feinstofflich, sie ist der Geistfunke aus dem Zentrum und das Allesbelebende der gesamten Schöpfung. Denn der Äther erfüllt den ganzen, endlosen „Raum" im Universum. Er ist die "Außenlebenssphäre des Geistes", der als geistige Speise alle Geschöpfe ernährt, und ist in jeder Seele der kondensierte Brennpunkt des Lebensgeistes schlechthin.[14]"*

Das Integral einer jeden Form im Universum ist der ÄTHERKÖRPER, weil der ätherische Körper die „Schablone" des physischen Körpers ist und somit der Urtypus, nach dem die dichte physische Form eines menschlichen Körpers in einer Inkarnation gestaltet wird. Denn es gibt im manifesten Kosmos nichts, was nicht eine feinstoffliche und unberührbare, jedoch substanzerfüllte Energieform besäße, die einen äußeren physischen Körper umhüllt, kontrolliert, beherrscht und in seinem Zustand bestimmt. Diese ist quasi die Parallelerscheinung im Spiegelbild zur spirituellen Hierarchie. Der Ätherkörper ist somit die Grundlage und zentrale Leitstelle für alle wahrnehmbaren Phänomene im Kosmos, und das bedeutet, dass die Urenergien über den Ätherleib nicht nur die individuellen menschlichen Reaktionen bestimmen und folglich auch alle Wesensäußerungen der Menschen im täglichen Leben beherrschen, sondern dass die jeweils in irgendeinem Weltenzeitalter vorherrschenden planetarischen Energien ganze Epochen, Kulturkreise oder Völker dieser Welt mitprägen.

Die Entwicklung des Ätherleibs zerfällt geschichtlich in zwei Abschnitte

1. Im Hinblick auf die Physis kann man feststellen, dass im ersten Stadium der Menschheit, in der archaischen Bewusstseinsphase vor ca. 12.000 Jahren, die ätherische Energie, die durch die reagenzfähigen Zentren strömte und dadurch die endokrinen Drüsen aktualisierte, allmählich begann, eine bestimmte Wirkung auf den Blutstrom auszuüben. Eine sehr lange Zeit hindurch wirkten diese Energien allein darüber. Daher auch das Bibelwort: „Das Blut ist das Leben."

---

[14] Jakob Lorber, Das große Evangelium Johannes

Das gilt zwar auch noch heute, denn der Lebensaspekt der Energiestrahlen „beseelt" das Blut mit Hilfe der Drüsen und ihrer Wirkfaktoren, doch daneben entfalteten sich im Laufe der Entwicklung noch andere Energieeinstrahlungen des Lebens. Das Blut ist in der ganz frühen Menschheit die älteste Funktion der über den Ätherkörper empfangenen ätherischen Energie. Erst im weiteren Verlauf der menschlichen Entwicklung, fanden mit wachsendem Bewusstsein auch im Ätherkörper Erweiterungen über die Chakren statt.

2. Die „Chakren" sind Energiewirbel auf dem Ätherleib, die ihre Wirksamkeit mehr und mehr auszuweiten begannen, um so über die feinstofflichen Vernetzungen der **Nadi**[15] auf das gesamte Nervensystem einzuwirken. Dadurch erfolgte ein immer intensiverer und bewussterer Bezug zum gesamten „emotionalen Bereich" und führte in den parallelen Bewusstseinsepochen der magischen und mythologischen Bewusstseinsentwicklung zu einer steten Ausdifferenzierung aller Funktionen des endothymen Grundes, was auf das gemeinsame soziale Leben der Menschen gravierende Auswirkungen hatte. Mit der letzten bewussten Aktualisierung des „Mentalbereichs" vor ca. 3.000 Jahren (Beginn der mentalen Bewusstseinsphase), verwandelten die einströmenden Energien über den Ätherkörper die grob-physischen Entsprechungen dahingehend, dass sie für höhere Bewusstseinsaspekte und Sinnzusammenhänge der Menschheit verfügbar wurden. Dies führte zu einer bewussten und planvollen Tätigkeit auf der physischen Ebene, und zwar entsprechend dem jeweiligen Standort des Menschen in seiner jeweils persönlichen Entwicklung sowie in der Gesamtheit der menschlichen Bewusstseinsentwicklung. Durch diese einströmenden und wirkenden Energien wurden in der Folge die den Chakren entsprechenden analogen Organe im grob-physischen Körper erregt. Dieser ätherische Mechanismus wurde so über das Blut, die Nadi und Nerven sowie in den Drüsen zum Übermittler zweier Energieaspekte: Der eine bewirkte dabei den physischen Stoffwechsel und die physische Entwicklung als Wachstum und der andere sorgte für eine permanente „Höherpotenzierung des Bewusstseins". Heute steht die Menschheit genau wie vor ca. 12.000 Jahren wieder vor einem totalen Bewusstseinswandel, und diese letzte Epoche des mentalen Bewusstseins befindet sich in ihrer defizitären Endphase, um sich im folgenden nächsten Äon erneut einer weiteren Transparenz für höhere Frequenzen eines integralen, supramentalen Bewusstseins zu öffnen, welches endlich ins „Quantenbewusstsein" münden wird (2012 „Stichtag").

---

[15] (Sanskrit = Kanal, Röhre) werden im Yoga und im Tantra feinstoffliche Energieleitbahnen bezeichnet, die den Körper durchziehen und mit Prana (Lebensenergie) versorgen (ähnlich dem Prinzip der Meridiane in der Traditionellen Chinesischen Medizin). Der Begriff Nadi wird wahrscheinlich abgeleitet von der Wurzel nad = Bewegung, Antrieb, Schwingung. In den alten Schriften finden sich unterschiedliche Angaben zur Anzahl der Nadis (350.000). In der Yogapraxis sind aber nur die drei Hauptleitbahnen, genannt Sushumna, Ida und Pingala, von Bedeutung. Die meisten Nadis entspringen dem „Kanda" am Beckenboden.

Zusammenfassung

1. Der Ätherkörper wird bisher von der Schulmedizin als nicht existent angesehen, obwohl neuerdings eine Tendenz dahin geht, psycho-somatische Verbindungen gedanklich einzubeziehen, was ein erstes Anzeichen dafür sein könnte, dass man unbewusst die Notwendigkeit spürt, die Kraft des „Ätherkörpers" zu akzeptieren, denn es ist der jeweilige Zustand des Ätherkörpers, der einen betreffenden Menschen für Krankheiten anfällig macht oder ihn davor schützen kann.

2. Der Ätherkörper ist das zentrale empfangende Sammelbecken für alle Energieeinstrahlungen des Lebens und ist durchtränkt mit den Qualitäten spiritueller Kräfte, die das Bewusstsein bestimmen, das Karma des Einzelmenschen anzeigen und die erreichte Entwicklungsstufe eines Menschen erkennen lassen. Diese Grundenergien, die über den Ätherkörper einfließen, sind von zweierlei Wirkungsweisen: als Strahlenergie für die Vitalität des physischen Körpers und als Strahlenergie für die Entwicklung des Bewusstseins eines Menschen. Insofern ist allein der Ätherkörper die Empfangsstelle für Energie-Strahlen und zugleich der integrale Bestandteil aller „Substanzformen": denn dieser ätherische Energiekörper ist die Wesensgrundlage alles Lebens, weil nur über ihn jede Form auf der äußeren, objektiven Ebene beseelt wird und jeder Mensch darüber grundsätzlich mit jeder anderen Ausdrucksform des göttlichen Lebens verbunden ist. Die Funktion des Ätherkörpers besteht primär darin, Energieimpulse aufzunehmen und durch diese Impulse oder Kraftströme, die einer spirituellen Quelle entspringen, den Antrieb im Leben zu erhalten; Diese Energieströme üben ständig eine Wirkung auf den physischen Körper aus und veranlassen ihn zu allen seinen Aktivitäten, und zwar je nach Art und Stärke der Energie, die den Ätherkörper gerade beherrscht. Primär ist der Ätherkörper so eng mit dem physischen Körper verwoben ist, dass es nahezu unmöglich erscheint, die beiden bewusst zu trennen; dies wird erst dann möglich werden, wenn die Wissenschaft von der ätherischen Energie überzeugt ist und die Entwicklung hellsichtiger Wahrnehmungen allgemeingültig die Wahrheit des hier Gesagten beweisen wird.

3. Der Ätherkörper bestimmt alle Lebensäußerung des inkarnierten Menschen und beherrscht ferner mit Hilfe der sieben Zentren (Chakra) die Kräfte der Persönlichkeit, indem er alle Energien übermittelt, die zur physischen Tätigkeit anspornen. Der physische Körper ist in diesen Prozessen ein bloßer „Automat", der den Impulsen des Ätherkörpers folgt, die vom übergeordneten „Selbst" diktiert werden. Erst wenn die Seele oder das höhere Selbst des Menschen die Herrschaft übernommen hat und das niedere, persönliche Ich genauso zum automatischen Werkzeug der Seele wird wie der physische Körper bis dahin das

automatische Werkzeug der Gefühlsnatur und des Denkens des Ich war, werden die Spannungen und Leiden im Leben eines Menschen verschwinden. Denn dieser innere „Aufbauweg" beinhaltet immer einen langen seelischen Entwicklungsprozess und führt besonders in dessen Anfangsstadien unvermeidlich zu psychischen Konflikten und Disharmonien, die aber allein letztendlich der Erkenntnis zum Sieg verhelfen können.

4. Bei unentwickelten durchschnittlichen Menschen ist allerdings dieser Konflikt vom Standpunkt der Bewusstwerdung aus gesehen praktisch kaum vorhanden; dafür besteht andererseits eine viel größere Empfänglichkeit für physische Erkrankungen, weil diese über körperliche Leiden den Menschen die stärkeren Möglichkeit bieten, zur Erkenntnis zu gelangen. *„Das Leiden ist der schnellste Weg zur Erkenntnis.*[16]*"* Nur wird das von den wenigsten Mensch eingesehen und verstanden. Denn am Beginn eines solchen „inneren Weges" zur Erkenntnis rufen oft physische Krankheiten und seelische Disharmonien Bewusstseinsprobleme hervor, mit dem zwar der Mensch selbst fertig werden muss, aber nur darüber dem Menschen auch sofort die Notwendigkeit und Aufgabe in seiner Inkarnation offensichtlich wird, dass die Wiederherstellung der Harmonie nur über die bittere Erkenntnis klar und verständlich wird: Denn das physische Lebensprinzip wird erst dann zu einer eigendynamischen und schöpferischen Kraft, welche die gesamte Persönlichkeit stimuliert, wenn es mit dem spirituellen Bewusstseinsprinzip der Seele fusioniert; und nur das allein zeigt den Standort eines Menschen auf der „Evolutionsleiter" an; es ist jener Qualitäts- oder Seelenaspekt, der im Verlauf der evolutionären Entfaltung allmählich offenbar wird.[17] In diesem Zusammenhang ergibt sich notwendig die Frage nach Bedeutung des Begriffes „Inkarnation".

„Inkarnation"

Diese Ergänzung erscheint insofern bedeutsam, um ein bisher immer wieder vorgebrachtes Missverständnis auszumerzen: Es ist zwar richtig, dass der Ätherleib an allen Handlungen im Leben bestimmend mitbeteiligt ist – man spricht von einer „karmischen Verpflichtung", – die man jedoch leider missverständlich als eine zwingende Folgeerscheinung aus „früheren Inkarnationen" vermeint herleiten zu müssen, was die Vorstellung einer *„individuellen Seelenwanderung impliziert"*, in welcher dann in der irdischen Inkarnation quasi die Folgen früherer Inkarnationen auf Erden abgetragen werden müssten. Eine solche „individuellen Seelenwanderungen" gibt es aber nicht. Es erscheint darum

[16] Eckhart von Hochheim, bekannt als Meister Eckhart (spätmittelalterlicher Theologe und Philosoph)
[17] Smigelski, „Inkarnation". Zum besseren Verständnis dieser Entwicklungsprozesse und Funktionen des Ätherleibes innerhalb der menschlichen Inkarnation vergleiche „Inkarnation".

angebracht, den vieldeutigen und oft missverständlichen Begriff „Inkarnation" kurz zu kommentieren; und zwar hinsichtlich seiner (1) Bedeutung; (2) Re-Inkarnation; (3) Karma-Theorie /Bailey; (4) individueller Seelenwanderung.

Inkarnation *(in carne)* bedeutet wörtlich übersetzt „Fleischwerdung des Geistes", womit ganz allgemein der Schöpfungsprozess gemeint ist, in dem die Seele als Lebensspender das gesamte Universum in dessen unterschiedlichen Bewusstseinsdimension „manifest durchläuft". Korrekterweise und im besondern kann dieser Begriff in seiner klassischen Bedeutung als „Fleischwerdung" jedoch nur auf den Menschen bezogen werden. Für das gesamte Universum hingegen sollte man unter „Seelenwanderung" eher von Inkorporation oder Involution sprechen. Es handelt sich um einen permanenten Involutionsprozess von Energien zu „spiritueller Substanz"– ein ständiger Verdichtungsprozess – in der gesamten Schöpfung. Mit dem „Auftreten" des Menschen verändert sich dieser permanente Wandlungsprozess dahingehend, dass er im Menschen als „Abbild Gottes" seinen partiellen Abschluss erreicht hat, weil im Menschen bereits der höchste Grad der Ebenbildlichkeit und Individualität erreicht wurde und eine weitere Trennung von Gott nicht mehr erfolgen kann. Der Mensch ist jene eigenständige Einheit, von da aus der gesamte göttlichen Prozess „zurückspiegelt" wird.

„Fecisti nos ad te et cor nostrum inquietum est, donec requiescat in te" (Du hast uns für dich erschaffen, und unser Herz ist unruhig, bis es wieder in Dich zurückgekehrt ist). Es wäre darum völlig unsinnig, eine bereits erfolgte Inkarnation auf Erden zu wiederholen, weil es im Schöpfungskreislauf nur eine Weiterentwicklung und niemals eine Wiederholung gibt. Mit der adamitischen Menschheit auf Erden erfolgte erstmalig eine wirkliche „Inkarnation" über einen physischen Geburtsvorgang. Das ist die Nahtstelle zwischen Geistzeugung und biologischer Zeugung. Es sind also immer zwei Bewegungen: eine biologisch-physiologische Entwicklung und eine geistig-spirituelle Bewusstseinsentwicklung, die im Menschen in der Gesamtentwicklung im Universum quasi einen „neuen Anfang" erhält. Wilber spricht in diesem Zusammenhang von der „Halbzeit der Evolution".

Die zwar naheliegende Vorstellung von individueller Ursache und entsprechender individueller Wirkung in einer folgenden Re-Inkarnation auf Erden ist reiner Unsinn, weil das „Übel" einer Dimension von allen gemeinsam abgetragen und weitergeführt werden muss. Die scheinbar ungerechten individuellen Schicksale sind keine individuellen Folgen von individuellen Ursachen, sondern sind immer das Opfer für ein ganzes Dimensionsbewusstsein, das von allen daran Beteiligten „gelöst" werden muss. Und dabei spielt die jeweilige individuelle Inkarnation keine Rolle, sondern nur die Aufgabe für ein bestimmtes Opfer, was frei oder unfrei erbracht wird. Entscheidend ist dann nur, wie eine Inkarnation erbracht wird und nicht die Bewertung nach irdischen Maßstäben. Insofern sind immer alle am Prozess „gerecht" beteiligt. Quasi scheinbare Bevorzugungen beruhen auf Fehlurteilen im irdischen Wertekanon: „Vergleiche sind Sünde"![18]

Ferner erscheint es angebracht, auf eine weitere Behauptung erklärend hinzuweisen, dass alle Inkarnationen freiwillig und je nach dem „Stand eines Karmas" erfolgen würden! Auch das ist eine unzulässige Verallgemeinerung. Die große Menge aller Seelen inkarniert gemäß einem „inneren Drang" nach Inkarnation ohne freiwillige und bewusste Wahl. Vergleichbar wäre das mit dem Läuterungsbereich im Jenseits nach dem irdischen Sterben, in dem ein weiterer „Aufstieg" nur nach erfolgter Läuterung geschieht. Beim Abstieg innerhalb der hierarchischen Dimensionen ist es genau umgekehrt: Die Seelenkörper erleben eine Art großer „Müdigkeit", die sie zum weiteren Abstieg drängt, der wiederum über eine Art „Einschlafens" sich vollzieht und wobei eine „Seele" in einer neuen „Umhüllung" in der nächst tieferen Dimension wieder „erwacht". Der letzte „Abstieg" im Umwandlungsprozess, die Inkarnation auf Erden, erfolgt über einen neunmonatigen Embryonalzustand, während dessen die inkarnierte Seele alles Vorherige vergisst, um dann im neuen Zustand eines Menschen bei seiner Geburt wieder zu erwachen, was bekanntlich bis zum neuen vollen Bewusstsein noch viele Jahre der Entwicklung dauert.

Die Chakren, das Nerven- und das endokrine Drüsensystem

Der Ätherkörper als „substanzerfüllte Energieform" umhüllt den äußeren physischen Körper, worüber der Mensch in die Lage versetzt wird, auf die ein- und ausströmenden Energien, bzw. auf Energiestöße, die aus der Umwelt wie auch aus dem Inneren eines Menschen selbst kommen, zu reagieren. Im Ätherkörper befinden sich „sieben" Empfangs-Zentren als Module (Relais) für die Aufnahme und Verteilung verschiedener Energiestrahlen im physischen System. Der dichte physische Körper, der aus Zellen besteht, von denen jede ihr „individuelles" Leben, ihr Licht und ihre Wirksamkeit hat, wird durch dieses Energienetz des Ätherkörpers zusammengehalten und ist so dessen manifeste Ausdrucksform. Dieses Netzwerk des Ätherkörpers durchzieht jeden einzelnen Teil des physischen Körpers über das Nervensystem, das von seinem ätherischen Gegenstück ernährt, überwacht und mit Energie erfüllt wird. Dieses Gegenstück des Nervensystems besteht aus Millionen von winzigen Energieströmen oder – Linien, die in der östliche Kultur „*Nadi*"

---

[18] Theresa von Avila, „Die Burg" – vgl. „Inkarnation", Smigelski

benannt werden. Diese Nadi sind die Träger der Energie, ja, sie sind sogar die Energie selbst.

Mit diesem fein verzweigten „Meridianen" des Ätherkörpers korrespondiert im physischen Körper das Nervensystem, welches als physiologisches Netz im Körper für die Weiterleitung von Energien und Kraftströmen sorgt; es ist quasi die äußere parallele Erscheinungsform des inneren, lebendigen, fein-stofflichen Geflechtes des Ätherkörpers.[19] Das Nervengeflecht ist das physi-sche Abbild, der „negative" (im Sinne von passiv empfangende) Aspekt, der „positiven" (aktiv sendenden) Energien, die das Leben eines Menschen be-stimmend beeinflussen. Die vom Nervensystem empfangenen Energien wer-den dann an das endokrine Drüsensystem weitergeleitet, welches wiederum das greifbare exoterische Übertragungsorgan für alle Aktivitäten im Körper ist. Das Drüsensystem besteht aus sieben Hauptdrüsen, die wiederum zu den sieben Chakren des Ätherleibes gleichgeschaltet sind.

Diese drei Strömungssysteme (Chakren, Nervensystem, endokrines System) sind eng miteinander verbunden und bilden ein ineinandergreifendes Leitsys-tem für Energien und Kräfte, die das gesamte Lebensprinzip darstellen. Von ihnen hängen Harmonie und Vitalität des Körpers ab. Zu diesen drei Syste-men kommt noch der Blutstrom als Übermittler des Lebensprinzips hinzu. Über diesen werden jedem Teil des physischen Trägers Energien zugeführt, indem der Blutstrom bestimmte, von den Drüsen abgesonderte Elemente enthält.

Die Chakren sind dabei die empfangenden Lebensenergiezentren und Über-tragungsmodule für die unterschiedlichen Energien, die über den Ätherkörper in den physischen Körper einfließen. Sie sind quasi Relais für die Aufnahme und Verteilung von Energien, ohne die kein Mensch leben könnte. Dafür be-steht der Ätherkörper aus ineinander greifenden und umlaufenden Kraftlini-en, die wiederum mit den sieben Chakren oder Kraftzentren verbunden sind, wobei jedes dieser Kraftzentren zu einer bestimmten Art von einströmen-der Energie eine Beziehung hat und durch diese „erregt" wird. Wenn eine Energie, die den Ätherkörper erreicht, keine Beziehung zu einem besonderen Zentrum hat, dann bleibt dieses Zentrum in Ruhe und unerweckt. Wenn aber eine Energie analoger, „verwandter Art" ein Zentrum für ihre Einwirkung empfänglich macht, dann kommt dieses Zentrum in Schwingungen und wird aufnahmefähig. So werden unaufhörlich und ohne zeitliche Unterbrechung alle Energiezentren durchpulst, verändert und mit Kraft erfüllt. Diese sieben Zentren befinden sich – ausschließlich – in der feinstofflichen Substanz des

---

[19] vgl. Traditionelle Chinesische Medizin. Akupunktur, Meridiane

Ätherkörpers und nicht im grob-physischen Körper, stehen aber mit diesem in enger Verbindung durch das Netz der *Nadi*, über das wiederum alle Energien auf das physische Nervensystem übertragen werden und das Drüsensystem mit Energie versorgt wird, und zwar versorgt jedes dieser Zentren die entsprechende Drüse mit bestimmten Energien, wobei die jeweilige Drüse die sichtbare Reproduktion des betreffenden Zentrums ist.

Die in ein Zentrum einströmenden Energiestrahlen werden über die Chakren in aufbauende Kräfte umgewandelt. Bei diesem Umwandlungsprozess spielt die Rotationsgeschwindigkeit der Chakren eine Rolle, welche die Stärke der daraus sich ergebenden Kräfteansammlung und die Wirkung der Strahlungstätigkeit auf den grob-physischen Körper bestimmen. Davon hängt wiederum ab, wie weit ein betreffendes Zentrum entfaltet oder noch nicht erweckt ist. Die von einem Zentrum ausgehenden Kräfte wirken dann auf das ätherische „Spiegelbild" des gesamten komplizierten Nervensystems ein. Diese parallelen oder subjektiv-identischen Entsprechungen der Nerven werden in der Hindu-Philosophie *Nadi* genannt. Sie bilden ein kompliziertes, weit ausgedehntes und nicht greifbares „*Netz beweglicher Energien*", ein inneres System, das mit dem der körperlichen Nerven parallel läuft und quasi eine äußere Verdichtung eines inneren Energiegefüges zu sein scheint.

Es gibt bis jetzt noch kein Wort, das die alte Bezeichnung *Nadi* ersetzen könnte, da man die Existenz dieses subjektiven Systems noch nicht nachweisen kann und nur die Annahme besteht, dass das Nervensystem selbst infolge der Bedingungen im Körper darüber entstanden sei. Wenn man jedoch einst dieses feinstoffliche (aus Energiefäden zusammengesetzte) Netz, die den greifbaren Nerven zugrunde liegt, anerkennt, wird man dem Problem der Psychosomatik und damit auch der Welt der Ursachen aller Wirkungen einen großen Schritt näherkommen. Denn dieses Netz von Nadis bildet immer ein bestimmtes Lebensmodell ab, das je nach dem Bewusstseinslevel einer Persönlichkeit variiert.

Bei allen Einstrahlungen werden Energiemenge und Energieart, die jeden Aspekt des Nervensystems beherrschen und auf den gesamten Körper einwirken, durch das unmittelbar „empfangende Zentrum" mitbestimmt, obwohl dieses primär nur eine Verteilungsstelle ist. Dabei beeinflusst die Energie-Einstrahlung nicht nur das jeweilige physische Zentrum, das am stärksten auf die Qualität und die Art der Energie anspricht, sondern auch in besonderem Maß über die Nerven die unmittelbar benachbarten „Gefühls- und Mentalbereiche", und zwar immer je nach dem Level eines psychischen Bewusstseinszustandes und der Stärke des geistigen Strebens oder Verlangens eines Menschen; denn entsprechend der Entwicklungsstufe eines Menschen ist auch die empfangende Energie, die von den spirituellen Nadi an das äußere Nervensystem herangeführt wird.

Die Nadi bestimmen also Art und Qualität des ausgedehnten Nervensystems und dessen Geflechten, die sich über den ganzen physischen Körper erstrecken. Die Nadi sind vor allem mit den sieben Hauptzentren im Ätherkörper und mit der Wirbelsäule samt dem Kopf verbunden. Man muss immer bedenken, dass der Ätherkörper in feinstofflicher Substanz dem physischen Körper absolut parallel entspricht. Wenn das anerkannt wird, wird man mehr Klarheit über die Funktionen im physischen Körper gewinnen, indem man lernt, das Wechselspiel zwischen diesen beiden – den Nadi und Nerven – verstehend zu beherrschen. Denn die Nadi als „Geistaspekt" und die Nerven als „Lebensaspekt" bestimmen als deren gemeinsame, physisch sichtbare Ausdrucksform das endokrine System, das dem „Form- oder Materie-Aspekt" entspricht. Diese drei Systeme – die Nerven, die Nadi und die Drüsen – machen den Menschen auf der physischen Ebene zu dem, was er ist. Sie selbst sind der Verbindungskanal zu den sieben Strahlen der spirituellen Hierarchie, die von dort das dreifache System der Nadi, Nerven und Drüsen. bestimmend beeinflussen.

Diese mächtige Wirkung der über den Ätherleib einströmenden Energie hat sich selbst automatisch diese Zentren oder empfangenden Sammelbecken für Kraft im Laufe der Entwicklung quasi als Energiebrennpunkte „geschaffen", die der inspirierte Mensch erlernen muss zu benutzen und vermittels derer er Energien dann bewusst überall dorthin leiten kann, wo sie gebraucht werden. Jedes dieser sieben Zentren tritt im Laufe der menschlichen Evolution als Reaktion auf die aus der spirituellen Hierarchie kommenden sieben Urstrahlen in Erscheinung.[20] Die Einwirkung dieser periodisch und unaufhörlich ankommenden Energiestrahlung ist so mächtig, dass die sieben Zentren in den Ätherkörpern der Menschen im Laufe der menschlichen Entwicklung immer sensitiver wurden und sich zu entsprechenden reaktionsfähigen Verteilungszentren entwickelten und sich so auf die Entwicklung auch der physischen Körper auswirkten. Diese brachten eine Art „substantieller Verdichtung" hervor, nämlich jenen Zustand, den man eine *„durch Reizeinwirkung entstandene Reaktion"* nennt, worüber die organischen Funktionen jeweils angeregt wurden und so allmählich die sieben Hauptorgane des endokrinen Drüsensystems in Funktion traten, was jeder Mensch in seiner individuellen Entwicklung aus den bereits latent im Menschen angelegten Voraussetzungen erst wieder aktualisieren muss.

Denn immer wenn ein Chakra voll „aktualisiert" worden ist, zeigt dies den Standort des Menschen auf der „Evolutionsleiter" an; wobei der jeweils betrof-

---

[20] Smigelski, „Schöpfung"

fene Bereich als Ursache für eine Störung oder Veränderung sehr verschieden sein kann; angefangen von der Betonung des Geschlechtslebens und der daraus folgenden Tätigkeit des Sakralzentrums, bis hin zum Ziel des Eingeweihten, welches das Kopfzentrum zur Funktion bringt. Denn dabei üben die auftreffenden Strahlen auf ein Zentrum immer auch eine Wirkung auf das umliegende Gewebe, auf die Substanz und die organischen Formen aus, die im Einflussbereich dieses Zentrums liegen. Dieser Einflussbereich ist verschieden groß, je nachdem, wie stark ein Zentrum tätig ist, was wiederum von der Entwicklungsstufe abhängt, die der Mensch erreicht hat sowie von der Energieart, auf die er hauptsächlich reagiert. Wenn sämtliche Zentren im Körper erweckt sind, dann ist das Nervensystem ständig stark elektro-magnetisch aktiv und reagiert unmittelbar und augenblicklich auf die Energie, die durch die Nadi übertragen wird, und das hat wiederum ein wohlausgeglichenes endokrines System zur Folge, weil die Lebenskraft, die durch den gesamten Körper strömt, dann den gesamten physischen Körper harmonisiert.

Entscheidend ist es daher bei der Aufnahme von Energien, welche der Chakren bei einem Menschen aktiviert werden können. Bei den meisten Menschen sind fast nur die unteren Chakren aktiv, darum auch ihre noch zu stark ausgeprägte Animalität. Das wird sich aber zukünftig im Neuen Menschen ändern, der seine vorwiegend vitalitätsorientierte Ausrichtung zu Gunsten einer mehr spirituellen Ausrichtung überwinden wird. Es ist darum wichtig, dass man sich alle Chakren bewusst macht, um selbst das Wechselspiel zwischen Vitalzentrum und Kopfzentrum zu aktivieren. Denn allein das Bewusstsein bestimmt letztlich über die Art des Chakren-Zusammenspiels die beiden „Körper": einerseits stellt es dem biologisch-physiologischen Körper, der Träger der Sinne und für die phänomenologische Darstellung in der Frequenz dieser Erde von Bedeutung ist, Energien für die Vitalität und permanente physiologische Umwandlung bereit, und andererseits führt es dem feinstofflichen Ätherleib, der selbst „feinstoffliche Substanz" ist, über das Quantenbewusstsein spirituelle Eingaben zu , die aus anderen Frequenzbereichen stammen und die Verbindung mit dem spirituellen Zentrum herstellen.

Die 7 Chakren und ihre Korrespondenz mit dem Nervensystem und den Drüsen

Auf dem Ätherleib befinden sich sieben Chakren als Empfangszentren für Energien. Bei den meisten Menschen sind gegenwärtig von den 7 Chakren fast nur die unteren 3 Chakren wirklich aktiv, was zur Folge hat, dass noch immer der „animalische Bereich der Physis" in der gesamten Menschheit stärker ausgeprägt ist und im Leben eine dominante Bedeutung hat. Das allerdings wird sich in Zukunft in der Gewichtung verändern, weil die Menschen diese vitalitätsorientierte Verhaftetheit zu Gunsten einer mehr spirituellen Ausrichtung verlieren werden. Natürlich bleiben auch dann immer noch die unteren Chakren als Basis beim Wechselspiel zwischen Vitalität und Bewusstsein aktiv. Letztlich wird aber in Zukunft immer mehr das neue Bewusstsein die Art des Zusammenspiels der Chakren bestimmen, denn es geht dabei um eine Harmonisierung aller Energien. Sind z. B. bei einem Menschen die oberen Chakren stärker ausgebildet, kann zuweilen die Kraft der unteren fehlen, weil diese vielleicht durch eine zu starke Kontrolle des Verstandes abgewürgt wird. Das war häufig im christlichen Abendland der Fall. Ursache dafür war jene übertriebene asketische Einstellung gegenüber dem Vitalbereich. Dieser wurde häufig verabscheut weil man sich vor dem „animalischen Teil" im Menschen fürchtete. Doch auch dieser gehört im Leben dazu und ist aus Liebe geschaffen worden. Man sollte darum darin nicht nur eine animalische Triebkraft sehen, die besser verdeckt oder ignoriert wird, sondern auch einen der stärksten Impulse zur Hingabe an andere Menschen, vor allem aber auch die Aktivierung jeglicher schöpferischen Tätigkeit ist. Heute scheint eine heftige Gegenbewegung zur Jahrhunderte langen christlichen Askese sich zu entfalten, indem man den Energien des Vitalbereiches völlig unkontrolliert und hemmungslos freien Lauf lässt und damit eine Harmonisierung ebenfalls verfehlt.

Gegenwärtig kann man daher beobachten, dass bei den meisten Menschen die gesamte Entwicklung ungleichmäßig und eher gestört erfolgt; viele Zentren sind noch unerweckt, andere überreizt und die Zentren unter dem Zwerchfell oft überaktiv und dadurch nervös oder erschlafft. Die Folge ist, dass es Bereiche im Körper gibt, in denen sich die „Nadi noch im Embryonalzustand" befinden oder andere Regionen, in denen die Nadi zwar mit Energie erfüllt sind, ihr Strom jedoch aufgehalten und blockiert wird, weil irgendein anderes Zentrum noch unerweckt ist oder – wenn auch erweckt – noch keine Strahlungsfähigkeit besitzt. Diese Unausgeglichenheit hat starke Wirkungen auf das Nervensystem und auf die Drüsen und führt oft zu anormalen Zuständen (Burnout), zum Mangel an Lebenskraft oder zu Überfunktion und anderen krankhaften Reaktionen, denn alle Veränderungen sind direkt vom Zustand der „Zentren" abhängig und können vom Wechselspiel der Chakren unter einander abgeleitet werden, denn diese bestimmen die Aktivität oder die Inaktivität der Nadi, die wiederum das Nervensystem beeinflussen, indem sie das endokrine System zu dem machen, was den jeweiligen Zustand eines Menschen betrifft, wobei der Blutstrom insofern für diese Zustände verantwortlich ist, weil das Blut der Transmitter im Körper ist und jeden Teil des Körpers erreicht.

Die 7 Chakren

1.Das Kopfzentrum

Sein Sitz ist am Scheitel des Kopfes und die entsprechende physische Ausdrucksform ist die Zirbeldrüse. Diese ist im Kindesalter solange stellvertretend
in Funktion, bis der Wille zum Sein genügend stark ausgeprägt ist und der
inkarnierte Mensch sich im physischen Körper fest verankert hat Auch in den
letzten Entwicklungsstadien eines Menschen tritt diese Drüse wieder in Tätigkeit und dient als Ausdrucksmittel für die Energie des Strebens eines vollen-
deten Daseins auf Erden. Es ist das Organ der Synthese und dient dazu, einen
Menschen bewusst mit seiner Seele in Verbindung zu bringen; denn darüber
vereinigen sich in ihm die Energien des schöpferischen Willens, des spirituellen Bewusstseins und der Liebe, womit die Synthese der göttlichen Aspekte
im Menschen wieder hergestellt ist. (Für eine dieses Streben unterstützende
„Einstrahlung" spiritueller Energien sollte den Mönchen die Tonsur als eine Art
äußerer „Öffnung" dienen und ihnen dadurch zur „Höherpotenzierung des Bewusstseins" verhelfen).

2. Das Stirnzentrum

Dieses Zentrum liegt zwischen den Augenbrauen gerade über den Augen (in
Indien eine häufige Zeichnung als Punkt auf der Stirn). Es ist die Ausdrucksform einer integrierten Persönlichkeit und das Zentrum für die Energieverteilung
der aktiven Intelligenz. Es ist mit der Persönlichkeit durch den schöpferischen
Lebensfaden verbunden und steht daher in enger Verbindung mit dem Kehlzentrum (dem Zentrum jeder schöpferischen Tätigkeit). Ist einmal ein aktives
Wechselspiel zwischen Stirn und Kehlzentrum hergestellt, so bewirkt dies,
dass ein solcher Mensch bereits ein schöpferisches Leben führt und die göttliche Idee in sichtbarer Form zum Ausdruck bringt. Die verdichtete physische
Ausdrucksform ist die Hypophyse. Das Zentrum bringt in seiner höchsten
Form Imagination zum Ausdruck. Es sind die dynamischen Triebkräfte hinter
allem Erschaffenen, und so ist die Hypophyse das Organ der „veredelten, sub-
limierten Energien des Verlangens nach Erlösung". In der Meditation verwandelt die Hypophyse Kohlenstoffelemente in Silizium, was eine Erweiterung des
Bewusstseins zur Folge hat, aber nur dann, wenn Silizium als Produkt einer
„Umwandlung" in einer Art Stoffwechsel im Körper „erzeugt" und nicht medikamentös zugeführt wird.

3. Das Kehlzentrum

Dieses Zentrum liegt an der hinteren Seite des Halses und reicht nach oben bis zum verlängerten Mark – wobei die Karotisdrüse inbegriffen ist – und nach unten bis in die Gegend der Schulterblätter. Beim Durchschnittsmenschen ist es außerordentlich kraftvoll und gut entwickelt. In diesem Zusammenhang ist folgende astrologische Feststellung interessant: Das Kehlzentrum wird von „Saturn" regiert, so wie das Kopfzentrum von „Uranus" und von „Merkur" beherrscht wird: Uranus, Merkur und Saturn ergießen ihre Energien durch diese „geistigen Kontaktstellen" auf der physischen Ebene in die fest gegründete Sphäre von Physis und Ätherleib, die der Mensch in Zeit und Raum besitzt. Diese Beziehungen haben einen wesentlichen Einfluss auf jeden spirituellen Entwicklungsschub im Leben eines Menschen, wobei das Kehlzentrum das Organ für die Verteilung schöpferischer Energie ist. Es ist im Menschen das Zentrum, durch das sich der Intelligenzaspekt als selbsterkennende Spiritualität im Menschen schöpferisch konzentriert. Die verdichtete physische Ausdrucksform dieses Zentrums ist die Schilddrüse. Sie ist für das Wohlergehen des heutigen Durchschnittsmenschen von größter Bedeutung. Ihr Zweck besteht darin, die Gesundheit zu bewahren und bestimmte wichtige Aspekte der physischen Natur und der Psyche im Gleichgewicht zu halten; sie symbolisiert die Spiritualität aller gedanklichen Substanz.

4. Das Herzzentrum

Es entspricht der geistigen Quelle von Licht und Liebe und ist der Schlusspunkt jenes Vorganges, bei dem die emotionale Natur mit ihrer besonders hervortretenden Qualität des Verlangens unter die Herrschaft der Seele gebracht und das Begehren des niederen Selbst in Liebe umgewandelt wird. Dieses Zentrum bestimmt die Verteilung der spirituellen Energie, die über die Seele in das Herzzentrum ergossen wird, und ist für die Herstellung einer festen Beziehung zwischen der sich langsam entwickelnden gesamten Menschheit und der spirituellen Hierarchie verantwortlich, denn nur darüber kommen zwei große universelle Zentren – spirituelle Hierarchie und materielle Menschheit – in enge Berührung und Verbindung. Ein solcher Bewusstseinsschub wird um 2012 erwartet, über den dann die gesamte Bewusstseinsentwicklung im nächsten Äon bestimmt werden wird.

Denn nur wie ein Mensch *in seinem Herzen* denkt, so ist er wirklich. Dieses Zentrum ist für die Verteilung der universellen Energie, die über die Seele in das Herzzentrum ergossen wird, zuständig. Dieses *„Herzdenken"* wird allerdings erst dann möglich, wenn man es schafft, die Begierde in Liebe umzuwandeln, was auf Erden bisher nur die Heiligen geschafft haben. Von den meisten Menschen wird leider das „Fühlen im Herzen" oft mit einem „wünschenden Denken" verwechselt. Diese „Umwandlung" kann im Leben nur erreicht werden, wenn man sich selbst erkennt und dann daran arbeitet, die „animalischen" Kräfte über den Solarplexus in das Herzzentrum zu erheben. Erst wenn dieser höhere Aspekt des Herzzentrums tatsächlich wirksam geworden ist, tritt das Denken als Ergebnis richtigen „Fühlens" an die Stelle persönlicher und subjektiv-gefühlsduseliger Empfindungsfähigkeit. Das wirkliche Herzdenken bringt dem Menschen die ersten schwachen Anzeichen für jenen Daseinszustand, den man das supramentale oder integrale Bewusstsein nennen könnte und tritt in eine wesentliche Beziehung immer zur gesamten Persönlichkeit, weil darüber automatisch eine Verbindung mit der „spirituellen Hierarchie" oder dem „Quantenbewusstsein" zustande kommt, und es wird die Koordinierung und ein direkter Kontakt zwischen Ich und Seele hergestellt. Denn das Herzzentrum empfindet und reagiert allein auf die Energie der Liebe. Seine verdichtete physische Ausdrucksform ist die **Thymusdrüse**. Von dieser kleinen Drüse weiß man noch wenig, denn die Eigenschaften ihres Sekretes konnten bisher noch nicht genau bestimmt werden. Diese Drüse ist in der Jugend für das Wachstum bedeutungsvoll und scheint in dieser Funktion beim Erwachsenen eher wirkungslos zu sein. Wenn allerdings die Thymusdrüse beim Erwachsenen über den „Inneren Weg" wieder aktiviert wird, beginnt sich der göttliche Plan in diesem Menschen auszuwirken. Das ist dann der erste Schritt zur wirklichen Liebe hin.

Diese benannten vier Chakren liegen alle oberhalb des Zwerchfells, das quasi eine Scheidewand innerhalb des Körpers darstellt. Unter dem Zwerchfell liegen weitere drei Chakren: das Solarplexuszentrum, das Sakralzentrum und das Zentrum an der Basis der Wirbelsäule. Das Zwerchfell symbolisiert im menschlichen Körper einen deutlichen Unterschied zwischen den höheren mentalen und spirituellen Bereichen und den niederen, sogenannten physischen Bereichen. Das Zwerchfell trennt den Teil des Körpers, der das Herz, die Kehle, den Kopf und die Lungen enthält, von allen übrigen Körperorganen. Diese Bereiche oberhalb des Zwerchfells bestimmen das bewusste Leben der Menschen, denn nur das, was im Kopf beschlossen wird (Wille, Verstand), vom Herzen den Impuls (Liebe) erhält, vom Atem (Geist) ausströmt und durch den Kehlkopf zum Ausdruck (Manifestation) gebracht wird, bestimmt, was ein Mensch *ist*.

Unterhalb des Zwerchfells befinden sich jene Organe, deren Gebrauch viel stärker im Allgemeinen und Objektiven liegt, auch wenn sie von gleicher Wichtigkeit sind; denn alle diese „unteren Organe", die ihr eigenes Leben und ihren eigenen Zweck haben, werden permanent in ihrem Dasein und ihrer Wirksamkeit durch den Rhythmus, der aus dem oberen Teil des Körpers kommt, beeinflusst und bestimmt. Das ist z.B. gut bei körperlichen Einschränkungen zu beobachten: denn jede ernsthafte „Begrenzung" oberhalb des Zwerchfells hat eine zwingende und bedenkliche Auswirkung auf alles Physische, was unter dem Zwerchfell liegt. Das umgekehrte gilt nicht in demselben Ausmaß und symbolisiert zugleich die Wirkkraft, Bedeutung und wesentliche Beschaffenheit des Ätherkörpers. In der heutigen Menschheit ist von diesen drei unteren Chakren das Solarplexus-Zentrum wohl das wichtigste, das Sakralzentrum das am stärksten ausgeprägte und vom heutigen Bewusstseinslevel aus gesehen ist das Basiszentrum das am wenigsten aktive Zentrum im Körper.

5. Das Solarplexuszentrum

Es liegt in der Mitte des Menschen hinter dem Bauchnabel und ist ganz besonders aktiv. Denn der Solarplexus ist die zentrale treibende Kraft im Menschen, dessen Bewusstwerdung am Beginn der gesamten Menschheitsgeschichte eine Art Initialzündung erfährt. Dieses Zentrum ist das „Ausfalltor", durch das die emotionale Energie in die äußere Welt strömt. Es ist das Organ des Verlangens und besitzt darum die größte Bedeutung im Leben des Durchschnittsmenschen. Die Beherrschung des Solarplexus ist ein ganz wesentliches Ziel auf dem inneren Weg, weil „Begierde" in geistiges Streben umgewandelt werden muss.

Das Solarplexuszentrum ist eine große Sammel- und Verteilerstelle für alle Zentren unterhalb des Zwerchfells und somit der Empfänger und Verteiler aller Begierdenimpulse und emotionalen Reaktionen und zugleich jenes Zentrum im Ätherkörper, durch welches das gesamte Dasein eines durchschnittlichen, unerleuchteten Menschen in seinen Wünschen bestimmt wird. Durch dieses Zentrum fließen die meisten jener Energien, die zum äußeren Fortschritt und Erfolg im Leben eines Menschen beitragen und darum auch den Menschen in ständiger Bewegung und Unrast halten. Das Solarplexuszentrum ist also der große „Unruhestifter" im Körper, wodurch sich auch die gesamte Region unmittelbar unter dem Zwerchfell bei den meisten Menschen in einem Zustand ständigen „Aufruhrs und größter Verspannung" befindet. Die verdichtete äußere Form dieses Zentrums im physischen Körper ist die Bauchspeicheldrüse (Pankreas). Eine Beherrschung des Solarplexus, richtiges Empfangen und richtiges Freilassen der dort konzentrierten Energien würde alle lebenswichtigen Organe gründlich reinigen, außerordentlich stärken und allen einen sehr wesentlichen Schutz geben. Als Zentrum der Synthese sammelt und bindet es in der Höherentwicklung eines Menschen alle niederen Energien in sich und ist somit tatsächlich ein Hilfswerkzeug für die Integration der Persönlichkeit. Denn das Hauptproblem eines zwar hochentwickelten intelligenten, aber noch nicht geistig eingestellten Menschen liegt im Verlangen oder Begehren. Je nach der Wesensart dieser

Strebungen und Energien, die seine Gedanken auf den Solarplexus einwirken lassen, wird auch seine Entscheidung sein: entweder auf dem inneren Pfad auf der Suche nach der eigenen Seele vorwärts zu schreiten oder egozentrisch in den Verhaftungen seines Ich stehen zu bleiben und den niederen Weg einzuschlagen, der unweigerlich zum Erlöschen allen Seelischen führt.

6. Das Sakralzentrum

Es hat seinen Sitz im unteren Teil der Lendengegend und beherrscht das Geschlechtsleben. Dieses Zentrum wird so lange kraftvoll und wirksam in der Menschheit aktiv bleiben, bis zwei Drittel der Menschheit eine Höherpotenzierung im neuen Äon (ca.9.000 Jahre) erreicht haben werden, denn die Zeugungsprozesse müssen noch aktiv weitergehen, um für die neu zu inkarnierenden Seelen genügend Körper zu bieten. Aber in dem Maß wie die Menschheit voranschreitet, wird dieses Zentrum immer mehr von seiner ursprünglichen Bedeutung verlieren, und seine Aktivität wird auf Grund von Erkenntnissen, Inspiration und höherer, feinerer Kontakte kompensiert werden können. Das Sakralzentrum entspricht der Leben spendenden Kraft auf Erden. Die Symbolik des Sakralzentrums betrifft vor allem die physische Formgestalt eines Menschen, und es ist vielleicht von allen anderen dasjenige Zentrum, durch das die Kräfte der individuellen Erscheinung eines Menschen schließlich zum Ausdruck kommen und durch welches das gesamte Problem der Dualität im Kosmos gelöst werden muss. Die Lösung dafür wird aber aus dem mentalen Bereich kommen, denn nur dadurch werden die physischen Reaktionen unter Kontrolle gebracht werden können. Das Sakralzentrum steht daher in enger Beziehung zur Erscheinung und Vitalität eines Menschen. Die verdichtete physische Ausdrucksform für dieses Zentrum sind die Keimdrüsen, die Zeugungsorgane, wenn man sie als grundsätzliche Einheit betrachtet, obwohl sie in zweifacher Form (männlich und weiblich) bestehen. Aus dieser Getrenntheit erwächst ein mächtiger Impuls zur Verschmelzung und ein Drang nach Vereinigung. Der Geschlechtstrieb ist vorerst primär im rein physischen Sinn das instinktive Verlangen nach Einssein, ist jedoch in einer höheren Bewusstseinsoktave auch das der Mystik innewohnende Prinzip des Einsseins mit dem Göttlichen.

7. Das Zentrum an der Basis der Wirbelsäule

wird vor allem anderen vom Gesetz des Daseins beherrscht und gelenkt. Dieses Zentrum liegt ganz am unteren Ende der Wirbelsäule und unterstützt alle anderen. Es wird erst durch einen Willensakt zur vollen Tätigkeit angeregt und ist in der Inkarnation die treibende Kraft, die den Trieb zum Leben beherrscht und dessen Wirkungen hervorbringt. Es ist das Lebensprinzip schlechthin. Dieses Basiszentrum ist der Punkt, an dem sich nach dem Evolutionsgesetz Geist und Materie begegnen, und hier kommt das Leben mit der Form in Verbindung. Es ist also das Zentrum, wo sich die Dualität der manifestierten Göttlichkeit als Mensch zusammenfindet und über eine Form ausgestaltet. Der Ätherleib geht mit der Physis eine Fusion ein, eine Verbindung, die gleichsam das Abbild von „Welle und Teilchen" ist, nämlich die Verbindung der zwei heterogenen Bereiche von „Geist und Materie".

Zusammenfassung:

Alle kosmischen Energie-Einstrahlungen werden innerhalb ihrer spezifischen Wirkungsbereiche und in ihren gestaltgebenden Impulsen durch übergeordnete universale Bewusstseinsenergien der spirituellen Hierarchie mitbestimmt. Dabei unterliegen Physis und Ätherkörper einem unaufhörlichen Wandel. Das gilt nicht nur für die gesamte Menschheit, sondern auch für den Verlauf eines individuellen Lebens, in dem sich der Ätherkörper verändert, um auf immer höhere Energieeinstrahlungen anzusprechen, was parallel im physischen Körper ebenfalls entsprechende Veränderungen zur Folge hat, da ja das Netzwerk des Ätherkörpers jeden einzelnen Teil des physischen Körpers durchzieht, der wiederum über das parallele Nervensystem energetisch „ernährt" wird. Der Empfang dieser einströmenden Energien entspricht immer dem jeweiligen Level eines Bewusstseins und der Intensität des geistigen Strebens eines Empfängers. Transformatoren sind dabei die Chakren, die sich nicht im grob-physischen Körper befinden, sondern ausschließlich von ätherischer Substanz und somit Elemente des Ätherkörpers sind.

Es gibt zwei Hauptlinien der menschlichen Evolution: Eine der Physis und eine zweite, die mit dem Bewusstseinsaspekt, dem „Denker" in der Form, zu tun hat. Der Verlauf ist für beide verschieden und nicht immer „zeitlich" parallel und deckungsgleich. In diesem permanenten Umwandlungsprozess gibt es sowohl im Bewusstsein, als auch im äußerlichen Erscheinungsbild der Menschen eine Art „Höherentwicklung". Gebser erfasste und benannte diese Bewusstseinsentwicklung in wechselnden Zeitepochen vom archaischen Bewusstsein über das magische und mythologische bis zur Gegenwart als mentales Bewusstsein, das gegenwärtig in ein neues Äon übergeht, das mit dem supramentalen Bewusstsein einen Neustart macht. In diesem permanenten Umwandlungsprozess handelt es sich weniger um Mutationen des Genmaterials als vielmehr um das Erwecken bisher latenter Gene zu Gunsten anderer, die dafür an Aktualität verlieren, und das bedeutet, dass der Bewusstseinswandel sich primär auf eine Veränderung des Ätherleibes bezieht.

Entwicklung und Umwandlung
von Physis und Ätherleib

In diesem Wandlungsprozess ständig wechselnder äußerer „Hüllen" verschwinden mit dem Ableben zwar alle äußeren Gestalten, „existieren" aber in einer Art *Chronik* (Akasha-Chronik) weiter und sind wie „Erinnerungen" in einem *„Archiv"* abrufbar. Man kann sie sich quasi wieder vergegenwärtigen, so als ob man sie selbst erlebt hätte (Science Fiction), wobei die wieder abgerufenen „Bilder" von keiner Bedeutung sind, da sie „zeitlich" begrenzt und genau wie das tägliche Leben vergänglich sind. Am Ende dieses vergangenen Äons ist dessen „Akasha-Chronik übervoll"; zum Vergleich würde man heute sagen: die „Festplatte eines PCs" sei voll, könne nichts mehr aufnehmen und müsse gelöscht werden, um im Speicher Platz zu schaffen für den nächsten Schub von abgelebten Bildern. Folgerichtig bedeutet das, dass die „historischen Erinnerungssammlungen" so wie alle vergessenen Kulturen zwar in ihren realen Manifestationen entschwunden sind, aber über das Bewusstsein virtuell in einer Art archäologischer „Wiederbelebung" noch immer „existieren", und darum zugleich ein Ballast für einen Neuanfang bedeuten. Obwohl diese „Rückgriffe der Archäologie" keineswegs ein besseres Verstehen der Welt als solcher erbringen, so machen aber diese „Rückführungen" abgelebter und vergänglicher Bilder wie in einem Film den Ursprung und die Entwicklung der Menschheit im Universum wieder besser versteh- und begreifbar.

Auch in der physischen Erscheinung erfolgte im letzten Äon ein offensichtlicher Gestaltwandel (Neandertaler/Größenwachstum etc.), der auch in Zukunft Veränderungen im Erscheinungsbild der Menschen zur Folge haben wird. Dieser Drang nach einer äußeren Umgestaltung des Erscheinungsbildes ist bereits in der Gegenwart als ein auffälliges und groteskes Phänomen zu beobachten. Ein solcher übertriebener „Schönheitswahn" konnte in der Geschichte der Menschheit bis heute noch nie festgestellt werden. Schon ganz junge Menschen haben ein krankhaftes und übersteigertes Bedürfnis nach einer Umgestaltung ihres Erscheinungsbildes. In diesen merkwürdigen „Bestrebungen" deutet sich bereits jetzt schon jenes immanente Streben nach einer „Umgestaltung" des phänomenalen Erscheinungsbildes an. Noch haben die Menschen in der Gegenwart einen groben und dichten Körper, dessen Erscheinungsbild sich nur bedingt verändern lässt und dessen einzig irreversible wirkliche Veränderung nur im grausamen und langsamen Alterungsprozess besteht. Allerdings am Ende des Neuen Äons, in ferner Zukunft werden die Menschen wieder einen „halbätherischen und feinstofflicheren Körper" erlangen, der dann allein dem innewohnenden Geist entspricht und sich nicht mehr durch äußere Eingriffe übertünchen und verändern lassen wird.

Noch wird gegenwärtig der physische Körper, der altert und stirbt, vom „Ätherkörper", der aus Gedanken, Gefühlen und Träumen besteht, nur umhüllt. Dieser ätherische „Traumkörper" ist den Menschen als Verbindungsmodul zu höheren Bewusstseinsdimensionen mit gegeben worden und verhält sich wie eine flüchtige Gedankenform oder Phantasie, weil er selbst nur durch Gedanken verändert werden kann. Am Ende des nächsten Äons wird er den grob-physischen Körper weitgehend ersetzen. Dieser „Transformationsprozess" der Physis hin zum ätherischen Traumkörper wird sich über das gesamte nächste Äon erstrecken (ca. 12.000 Jahre). In genau umgekehrter Folge wurde vor ca. 12.000 Jahren zu Beginn der adamitischen Population die halbätherische Vorläuferpopulation einer notwendigen Reduzierung der Chakren auf dem Ätherkörper unterzogen, um in der grob-physischen Körperhaftigkeit der Menschheit „voll zu inkarnieren". Diese körperlichen Veränderungen waren zwingend für die Inkarnationen auf Erden, dem materiellsten Tiefstpunkt im Universum.

Rückführungsprozess / DNS

In der Gegenwart beginnt nun der Rückführungsprozess wieder ins geistige Zentrum als eine „Höherpotenzierung des Bewusstseins", und zwar gemeinsam mit einer dafür notwendigen „Transparenz" auch des physischen Trägers über den Ätherleib, wobei diese endgültige Transformation noch in weiter Ferne liegt und erst am Ende des neuen Äons erreicht werden wird. *„Dabei wird die ursprüngliche Form der Zellstruktur eures Körpers wieder hergestellt werden, so dass eure Körperzellen mit dem interdimensionalen Geistkörper interagieren können, wobei dieser quasi „halbätherische Körper" bereits in euch latent enthalten ist".* Und das bedeutet: Es muss die ursprüngliche Zellstruktur der ätherischen Vorläuferpopulationen im physischen Körper wieder hergestellt werden, damit alle Zellen dann leichter mit dem interdimensionalen Geistkörper interagieren können, wobei es sich nicht um eine substantielle Veränderung der DNS handelt, sondern lediglich in der DNS bereits angelegte und bisher latente Kodierungen über spirituelle Energien wieder aktiviert werden. Diese signalisierenden Impulse veranlassen dann im Körper eine Wandlung in der DNS, was eine grundlegende Umstellung der Energieaufnahme und Verarbeitung in den Zellen verursachen wird. Dabei handelt es sich nicht primär um eine Veränderung der DNS, sondern es werden nur in der DNS bereits angelegte bisher latente Gene mehr zum Tragen kommen, andere dagegen werden degenerieren. Die wieder aktivierten DNS-Stränge werden dann in jeder Zelle eine multidimensionale skalare (unbekannte Größe) Wellenantenne besitzen, die jede wichtige Botschaft der Seele aufnehmen und sofort verarbeiten kann.

Nachfolgend dazu die Durchsage:

Hat bei diesen Mutationen unser Bewusstsein etwas mit der Anzahl der Chromosomen zu tun?

Ja, sehr – nur ist dabei die Anzahl der Chromosomen nicht variabel in der Anzahl, sondern nur in ihren Aktualisierungen. Die Chromosome sind alle vorhanden, nur nicht zu allen Zeiten alle effektiv. Die Anzahl wird also nicht erweitert, sondern es werden andere aktiviert und dafür treten wieder welche in die Latenz zurück.

Alle diese Umwandlungsprozesse sind allerdings hinsichtlich der gesamten Menschheit, aber auch jedes einzelnen Menschen immer erst dann aktualisierbar, wenn eine bereits bewusste Veränderung durch eine Empfangsbereitschaft gegenüber diesen „Energiestrahlungen" erreicht wurde: *„wenn eine Zeit reif dafür ist".* Denn alle Umwandlungen in der DNS können als gesteuerte Frequenzen von Gestaltideen immer erst dann erfolgen, wenn eine „bewusste Bereitschaft" vorliegt, um eine bisherige Latenz zu beenden und ein latent vorhandenes „Genmuster" neu zu beleben, was sich dann auf den gesamten Organismus auswirkt. Und das bedeutet, dass 97 % der DNS aus Material besteht, das nicht allein Träger eines Erbgutes (Intros) ist, sondern aus „Bestandteilen der DNS" besteht, die Biophotonen aussenden und empfangen. Denn die Entfaltung des spirituellen Potentials hängt davon ab, wie weit „Nullpunktenergie" die feinstofflichen Ebenen der Substanz durchdringt.

Damit hat die DNS als Ganzes neben ihrer rein genetischen Funktion noch eine weitere Bestimmung, die viel umfassender ist, als die bloße Transkription (Übersetzung) von Proteinen. Diese Funktion der DNS beruht darauf, dass der so genannte „biologische Laser"[21], nämlich die Schnittstelle zwischen Biophotonenfeld und imaginärer Informationsquelle, sich in einem „kohärenten Zustand" befindet. Das gilt nicht nur auf der molekularen Ebene, sondern auf allen Organisationsstufen eines Organismus. Es sind elektromagnetische Wechselkräfte, die mit impulsgebenden (Nullpunktenergien) imaginären Informationen gestaltbildend zusammenwirken. Diese biologischen Moleküle der Biophotonenebene bilden eine „Lasermaterie", wobei die DNS selbst der zentrale aktive Lichtspeicher zur Steuerung aller Zellfunktionen

---

[21] „Biophotonen" S.193, Laser: Lichtverstärkung durch stimulierte Strahlungsemission;, dabei wird die Energie, die sich dem Strahlungsfeld überlagert verstärkt. Laserschwelle als Zustandsschwelle – eine Art Phasenübergang und Verwandlung einer „Substanz" in einen anderen Zustand. DNS ist Lasermaterie und der größte Lichtspeicher im Körper, eine Art Kernzone der Zelle und damit des ganzen Organismus und zugleich die Grundlage des ganzen Aufbaus der Materie und der Evolution

ist.[22] Diese dynamischen Strukturierungen regulierender, morphogenetischer Felder führen zu Regelkreisen, die dann eine Selbstregulierungen erzeugen und den gesamten Stoffwechsel durch Biophotonen bestimmen. Es handelt sich um die Übertragung einer „Hierarchie lichtaktiver Moleküle" in Zellkörperchen, in denen eine Proteinsynthese vor sich geht. Diese setzt die Steuerung von Wachstum in Gang und erreicht über Morphogenese im Organismus eine Art „Mutation". Dabei erfährt jede chemische Reaktion über eine ihr entsprechende Frequenzkomposition als Musterung eine Imprägnierung ihres Energiefeldes, das zugleich in seiner Polarisierung als geeignete Antenne für bestimmte Schwingungen der Lichtlenkung wirkt, und das bedeutet, dass die Steuerung und Differenzierung von Wachstum etwas mit der Aktivierung der DNS zu tun hat. Die DNS spielt in diesem Prozess insofern eine Schlüsselrolle, in dem sie selektiv aus imaginären Mustern auswählen und variieren kann.

Auf diese Weise wird die gesamte Energie des Stoffwechsels eines Organismus über die DNS in Biophotonen umgewandelt. Innerhalb des Körpers sorgt sie für den Ersatz des Substanzverlustes (absterbende Zellen) sowie für das Pulsieren des Herzschlags und der Peristaltik. Beim „Ersatz" abgestorbener Zellen werden in den neuen Zellen multidimensionale skalare (= unbekannte Größe) Wellenantennen aktiviert, die jede wichtige Information aufnehmen und sofort verarbeiten, womit der Kreislauf des Lebens garantiert ist. Hinsichtlich aller äußeren Aktivitäten bestimmt die DNS alle Körperbewegungen, die Aufrichtung gegen die Schwerkraft und den Temperaturerhalt entscheidend mit. Ferner versteht man unter diesen „Translationen"[23] eine Art „Binnenmutation" im Zellbereich, die sich bei der Proteinbildung als erste Übertragung aus der DNS in den Ribosomen vollzieht, jenen winzigen Zellkörperchen im Protoplasma, worüber die Synthese in Form einer Verbindung zu anderen Molekülen oder neuen Zellverbänden vor sich geht. Es handelt sich aber dabei niemals um eine Mutation des Kernes einer Zelle selbst. Translationen sind eher als Übertragungen von Informationen über die Strukturen von Aminosäuren bei der Proteinbildung, d.h. als die nächst folgende Übertragung der Boten-RNS zu verstehen.

Alle diese Möglichkeiten sind latent im Menschen angelegt und werden im neuen Äon wieder aktiviert werden und eine grundlegende Verwandlung im Menschen bewirken. Gegenwärtig hat dieser „Geburtsprozess" global und im großen Maße begonnen, womit auch eine genetische Verschiebung verbunden ist, die eine Art „Erweckung" von latenten DNS Codes und eine Bewusstseinserweiterung zur Folge haben wird. *„Während sich auf dem ganzen Planeten Erde*

---

[22] „Biophotonen" S. 264 Es handelt sich um „Lichtlenkung" im Organismus.
[23] Translationen sind eine Art Binnenmutation innerhalb des Zellbereichs, aber durchaus auch eine Mutation, und also solche vergleichbar. Transmutationen sind dagegen immer mit einer genetischen Veränderung auf der Zellebene verbunden. Biophotonen S. 496

die Transmutation der genetischen Struktur entfaltet, wird ihr präkodiertes latentes genetisches Programm aktualisiert werden. Dabei wird die bisherige Identifizierung des Menschen aus der bisher allein bestimmenden dreidimensionalen Vorstellungswelt allmählich herausgenommen, um für ein zukünftiges „Quantenbewusstsein" Platz zu machen, wobei allerdings die „individuellen Egos" auf Erden noch lange dazu neigen werden, an den überkommenen dreidimensionalen konditionierten Bewusstseinsmöglichkeiten festzuhalten."

Auch wenn die DNS das zentrale Molekül im Organismus ist und das regulierende Biophotonenfeld steuert, so ist jedoch klar, dass sie diese Aufgabe nur im Verbund mit anderen Molekülen erfüllen kann, weil sie über ihre kohärenten Biophotonenausstrahlungen an andere Moleküle ständig gekoppelt ist und mit diesen zusammen ein Steuerungssystem bildet. Alle diese Moleküle besitzen die Fähigkeit zur Selbstvermehrung und zur Informationsspeicherung, indem sie durch ihre Spiralstruktur Licht oder elektromagnetische Wellen empfangen und lenken. Dabei handelt es sich um ein molekulares „Pulsieren", das in den lebenden Zellen zu Kontraktionen und Expansionen führt und Veränderungen wie *Transformationen, Translationen oder Transmutationen*[24] im Organismus bewirken. Das sind sogenannte Schwingungsquanten, die über die DNS in rhythmischen Impulsen weitergeleitet werden. Vergleichbar mit dem Herzpulsschlag arbeitet die DNS als pulsierende „Lichtpumpe". Dabei sammelt die DNS Licht an und sendet Energien als Informationen an den gesamten Organismus aus; und diese immense Informationsmenge kann nur die DNS leisten.

Dimensionskipp – Zusammenfassung:

Hinsichtlich dieses Umwandlungsprozesses, der sich durch den Einfluss elektromagnetischer Felder auf das Zentralnervensystem vollzieht, sind bisher aus dem Spektralbereich der nichtionisierenden Hochfrequenzstrahlungen folgende Funktionsbereiche, die je nach Wellenfrequenz positiv oder negativ Einfluss ausüben, erforscht: Enzym- und Hormontätigkeit, das Immunsystem und der gesamte Stoffwechsel von Kohlenwasserstoff, Proteinen und Nukleinsäuren. Unabhängig davon erfolgen ständig Mutationen auf Erden, indem ganze genetische Systeme sich umgestalten, aussterben und sich dadurch in ihrer naturangelegten Gen-Basis verändern. Entscheidend bei allen Mutationen ist

---

[24] Unterschied von Transmutation und Transformation?
Ersteres ist eine totale genetische Veränderung, das zweite nur eine Veränderung, z.B. so wie der Mensch sich vom Kind zum Erwachsenen entwickelt. Transmutationen sind auch immer mit den allen Ausgestaltungen zugrundeliegendem Bewusstsein verbunden. Die dazu gehörigen Transmutationen erfolgen im Kosmos, indem ganze genetische Systeme sich umgestalten und sich dadurch in ihrer naturangelegten Genbasis verändern.

allerdings dabei, dass nur ein Zustand, der seinen eigenen Gegenpol mit einbezieht, nur wirklich stabil sein kann, so wie das Tao der Chinesen *Yin und Yang* einschließt[25] und es sich bei diesem „Dimensionskipp" auch immer um die Transmutation der beiden Körper: Physis und Ätherleib handelt.[26]

Es geht bei diesen Transformationen oder Mutationen immer um die „Erregung" und um den Empfang der Urenergie, also um die Aktivierung latenter Energiepotentiale. Dabei handelt es sich nicht um eine Erweiterung der DNS, sondern um das gesamte Potenzial des Bewusstseins, das den Menschen allmählich wieder zur Verfügung gestellt werden wird. Diese Urenergie durchflutet zwar ständig das gesamte Universum, was jedoch nicht bedeutet, dass die bloße Anwesenheit der Urenergie den kosmischen „Raum" bereits dadurch schon erregt, sondern eine Erregung erfolgt immer nur dann, wenn die einfließenden Energiestrahlungen mit den Ätherenergien im Kosmos „fusionieren", und das bedeutet, dass das Leben permanent passiv empfangend und durch aktives ständiges Einfließen der Urenergie erhalten wird. Die physische Basis ist dabei die DNS als „Matrize" für den Menschen, wobei deren Kern nicht ohne „Erlaubnis des höheren Selbst" (Geist) verändert werden darf, sondern es handelt sich bei diesem Prozessen immer um die Aktivierung bisher latenter Energien und um eine freiwillige bewusste Entscheidung, an der ein Mensch aktiv beteiligt ist. Denn auch der Ätherkörper ist genau wie der physische Körper immer ein Ergebnis einer prägenden Entwicklung, an deren Ausgestaltung der Mensch mitwirkt. Es inkarniert lediglich ein spiritueller „Same" für gewisse daraus folgende und sich bedingende Strukturen. Dabei handelt es sich beim Menschen keinesfalls um eine totale Determination, weil die willensmäßige Entscheidungsfreiheit immer gewahrt bleiben muss. Impulse werden für den Ätherkörper zwar mitgegeben, sind aber niemals determiniert, sondern immer nur als Möglichkeit vorgesehen.

---

[25] Popp l 95, Die DNS als pulsierende „Lichtpumpe" / Tau-Prinzip: ist das Ganze, aus dem die Polarität von Yin und Yang hervorgeht. Dabei steht das Prinzip des Yin für das Stoffliche und das Yang für das Spirituelle.
[26] Die Vorstellung nichtphysischer „Energiekörper" taucht historisch in allen Kulturen unterschiedlich auf. Es sind feinstoffliche Körper aus Licht. Dabei steuert der Ätherleib alle Prozesse im physischen Körper, der nach den tibetanischen Lehren auch nur „geronnenes Licht" ist.

Schöpfung als Manifestation –
Substanzieren von Ideen

Bei den bisher beschriebenen „Mutationen" oder Transformationen handelte es sich prinzipiell um Veränderungen in substanziell bereits existierenden Manifestationen, die sich dann mehr oder weniger innerhalb einer einheitlichen und zeitlichen Entwicklung als z.B. Wachstum ereignen. Im Folgenden geht es um die Frage nach der grundsätzlichen Involvierung spiritueller Gestaltideen zu manifester und geformter Substanz: also um die existentielle Frage nach dem schöpferischen Akt des manifesten Erscheinens präexistenter Ideen als „Sein". Dazu ein Hinweis von Henry Carvendish:

„Da die Grenze zwischen Energie und Materie fließend ist, konntet ihr (Menschen) diese nicht-materiellen Ausstrahlungen bis jetzt nicht bewusst registrieren, weil das nur über die vierte Dimension (über das Quantenbewusstsein) möglich ist. In naher Zukunft wird jedoch die neue Wissensquelle entdeckt werden, und zwar genau wie auch in früheren Hochkulturen alle Eingebungen aus der vierten Dimension kamen. Leider ist in der heutigen Menschheit die Qualität der Empfangsstationen dafür derart zurückgegangen, dass die Empfänger kaum noch mit höherem Wissen betraut werden können. Wir nehmen jetzt allerdings wieder mit einigen „Medien" Kontakt auf, um über diese Empfangsmöglichkeiten euch diese Durchsagen zugänglich zu machen. Denn die gesamte materielle Schöpfung geht von diesem Zustand der vierten Dimension aus. Ist der kosmische Zeitpunkt erreicht, an dem zu offenbarendes Sein wieder fällig ist, wird ein spiritueller „Samen" gesät: Ein Ruf geht von der vierten Dimension in die dreidimensionale Welt hinüber und wird sichtbar. Der „Samen" sind die Gedanken, die in die materielle Welt eintreten und dabei zu „Partikel" der Materie werden. In diesen sind alle zum Wachstum notwendigen Eigenschaften eingeschlossen. Jeder Stern entspringt so einem Gedanken und untersteht dann im Kosmos den Gesetzen der Dreidimensionalität. Hat ein Planet seine vorbestimmten Ausmaße erreicht, beginnt er zu verfallen, sich zu entmaterialisieren. Wir (Carvendish) reisen im „Raum" ausschließlich nur durch unsere Gedanken, was nicht bedeutet, es genüge, sich den Zielort nur vorzustellen. Sondern es findet tatsächlich eine Reise statt, allerdings in Gedankenschnelle."

Es geht im wesentlichen bei jeder „Schöpfung", bzw. Übertragung von Ideen zu Manifestationen um die beiden Krafteinflüsse von „Wille und Geist." Dabei ist der Wille das „Feuer des göttlichen Impulses", das alle Formen durchdringt und sie zu bestimmten Aktionen und Leistungen antreibt, wobei das „Reibungsfeuer der Materie" als „dynamische Feuer der Bewegung" jedes Atom in Aktivität hält, gemeinsam mit dem kombinierten Impuls des „spirituellen

Feuers des Denkens", der alle Formen in eine bestimmte Richtung und vorhergesehene Bahn treibt. Beide „positiven Impulse" (schöpferisch aktiv) kommen aus spirituellen Bereichen und werden im Kosmos von einen „Schleier „negativer (passiv-empfangender) Substanz" eingekleidet und umhüllt. Es ist die gegenseitige Berührung zweier verschiedener Energiestrahlen, die sich über zyklisches Pulsieren im Kosmos manifestieren und zugleich die Ursache für alle weiterführenden natürlichen Evolutionen in der Schöpfung sind. Diese Koinzidenzen sind eine Art Synchronizität und beweisen ein simultanes Vorhandensein von sinngemäßer Gleichartigkeit in heterogenen, kausal nicht verbundenen Vorgängen; und das beweist, dass Psyche und Materie in einer Welt enthalten sind, miteinander in Berührung stehen und auf unanschaulichen transzendentalen Faktoren beruhen.

Alle Einstrahlungen unterscheiden sich nach Qualität und Schwingung allein über die Durchlässigkeit einer jeweiligen „Trägersubstanz", wobei im Menschen der Ätherleib und nicht der physischen Körper der Empfänger der Energiestrahlen ist. Denn beim Menschen tritt als dritte Komponente der „Geist" als menschliches Bewusstsein hinzu, was eine viel entscheidendere Rolle als die Physis spielt, die nicht Träger von „Bewusstseinsvorgängen" ist, sondern im Gehirn lediglich als physisches Transfermodul fungiert. Daher erfolgt die menschliche Bewusstseinsentwicklung nicht mehr wie in der Natur allein als biologisch-physische Entwicklung automatisch, sondern muss vom Menschen selbst mitbestimmt werden, weil nicht mehr der physische Körper allein der Ausgangspunkt einer Weiterentwicklung ist, sondern der Ätherleib als Träger des Bewusstseins im Menschen der bestimmende Aspekt ist. Diese Diskrepanz zweier „Quellen" kann zuweilen bei der Übertragung[27] von Energien zu Schwierigkeiten führen und sich dann im Körper als Störungen bemerkbar machen, was bei naturhaften Geschöpfen prinzipiell niemals der Fall sein kann, da „Übertragungen" prinzipiell reibungslos „biologisch" funktionieren. Denn: „Durch jedes Atom in der Welt vibriert absolute Energie als Intelligenz".[28]

„Bewusstsein in der Natur"

Edison führt weiter aus:
„Ich glaube nicht, dass „Materie in der Natur" träge ist und durch eine von außen kommende Kraft bewegt werden kann. Mir scheint, dass jedes Atom von einer gewissen Menge primitiver Intelligenz beherrscht wird. Man betrachte nur die

---

[27] Kundalini-Yoga – Lehre von den Chakren. Lit.: Avalohn „Die Schlangenkraft"
[28] Edison, Thomas: „Aber wo kommt diese Intelligenz ursprünglich her?" fragte der Interviewer. „Von einer Macht, die größer ist als wir", antwortete Edison. „Dann glauben Sie also an einen intelligenten Schöpfer, einen persönlichen Gott?" „Gewiss!"

Tausende von Variationen, in denen Wasserstoffatome sich mit denen anderer Elemente verbinden und dabei die verschiedensten Substanzen formen. Können Sie behaupten, dass sie dies ohne Intelligenz tun? Atome gestalten sich zu harmonischer und nützlicher Verbindung, zu schönen oder interessanten Formen und Farben oder geben einen angenehmen Duft von sich, als ob sie ihre Genugtuung ausdrücken wollten. In gewissen Formen zusammengefügt, bauen die Atome Tiere der niederen Ordnung. Schließlich vereinigen sie sich im Menschen, der die Gesamtintelligenz aller dieser Atome darstellt."

Auch Dubrows[29] spricht von *„autonomen Bewusstseinssteuerungen imaginärer Energieimpulse"*, die einer Zelle ermöglichen, sich ständig in andere Gestaltungen umwandeln zu können, wobei bereits die Biophotonen im lebenden Organismus Sekundärerscheinungen dieser virtuellen Energien sind. Alle diese Bezüge lassen in den Biostrukturen erkennen, *dass diese „intelligenten Kräfte" auch für alle raumzeitlichen Organisationen der Masse in Lebewesen verantwortlich sind.* Giordano Bruno spricht von einem „inneren Prinzip" im Kosmos, wenn er behauptet, dass der „Motor aller Bewegungen" aus diesem inneren Zusammenhang von „Gestirnsseelen" resultiert. Damit vergleichbar ist auch die moderne Vorstellung eines „Quantenäthers" als integrierendes Medium.[30] In seiner Schrift *„Die Implizite Ordnung"* bezeichnet David Bohm den „Quantenäther" als richtungsweisend auch für das zukünftige Denken der Menschheit. *„Die implizite Ordnung ist fundamentaler und umfassender als die explizite Ordnung. Sie erscheint wie ein Wurzelgrund, in dem die Objekte der expliziten Ordnung vor ihrer Manifestation in virtueller Form als „Keime" oder „Urbilder" ruhen".*[31] Das entspricht auch der Ideenlehre von Platon und deckt sich mit den Vorstellungen von morphogenetischen Feldern nach Sheldrake[32] sowie Beardens „Skalarfeldern"[33]. Denn Skalarwellen können jederzeit durch geeignete Koppelung in elektromagnetische Wellen und in Materie umgewandelt werden und sowohl Bewusstsein und Psyche steuern, sowie umgekehrt von diesen beeinflusst werden. *Sie wirken auf den Fluss der Zeit ein und überwinden den Raum.*

[29] Dubrows, Alexander / „Biogravitationstheorie" / Biophotonen 417
[30] F. A. Mesmer. „ Es gibt eine das ganze Weltall durchdringende und alles verbindende spirituelle Kraft."
[31] Bohm, David / Die implizite Ordnung / Biophotonen S.406
[32] Morphogenetische (oder morphische) Felder sind spirituell gesehen solche, die sich über die physiologischen Zellgrenzen hinaus erstrecken. Es sind unsichtbare organisierende Strukturen nicht elektromagnetischer Energien.
[33] Beardens, Thomas/ Biophotonen 404 Skalarfelder sind ein anderer Begriff für Vakuumwellen — es sind ständig Fluss aufblitzende und verschwindende virtuelle Teilchen: Skalarpotential des Vakuums. Es sind Wellen, die keine Masse besitzen, aber durch Verbindung mit elektromagnetischen Wellen können sie in Materie umgewandelt werden. Auch als Teslawellen bezeichnet.

Bereits Newton sprach in seiner „Optik" davon, dass es zwei Arten von Licht gebe, das „phänomenale Licht", das Licht im physikalischen Sinne, und das „numerale oder potentielle Licht (das lateinische Wort „Numen" bezeichnet eine unfassbare göttliche Wirklichkeit). Auch Fechner, der Begründer der „Psychophysik" vermutete bereits im 19.Jhdt im „physikalischen Licht" müsse noch ein höheres Licht verborgen sein, dessen Lichtsubstanz Geist sein müsse.[34] *Wäre es nicht möglich, dass die Stoffe und das Licht sich ineinander umwandeln?* Für Cochran besitzen alle Elementarteilchen der Materie erste Anklänge einer Willenskraft, wobei die Geisthaftigkeit der Materie aus der Unschärferelation erfolgt.[35] Das sind weitere Erklärungsversuche für die Erzeugung von Materie durch Energien aus dem „Nichts". Allein die „Quantenphysik" befasst sich mit elektronischen Strukturen von Atomen. Quanten sind Energieportionen, die im Kosmos durch Frequenzen bestimmt sind. Man geht davon aus, dass sämtliche zwischen Teilchen wirkende Kräfte sowie deren elektromagnetische Felder auf den Austausch virtueller Photonen zurückgeführt werden müssen.

Wenn man diese Idee weiter verfolgt, indem man unser Sonnensystem als Analogie zum Atom betrachtet, könnte man konstatieren, es könne auch innerhalb des Universums eine „spirituelle Wesenheit" geben, deren Bewusstheit so weit über der des Menschen liege wie das Menschenbewusstsein über dem des Atoms, eine intelligente Instanz, die hinter allen Manifestationen wirkt. Dies führt uns letztlich zu dem Standpunkt, den die Religion von jeher vertreten hat, nämlich dass ein göttliches Wesen existiert. Wo der Christ ehrfürchtig Gott sagen würde, würde der Wissenschaftler mit gleicher Ehrfurcht Ur-Energie sagen, und doch würden beide das gleiche meinen.: *„Jegliche Form auf Erden und jedes Atom im Raum strebt mit allen Kräften nach Selbstformung, wobei die Involution und die Evolution ein und dasselbe Ziel haben: den Menschen."*[36] Es sind also nicht unterschiedliche Energieübertragungen (denn die Urenergie ist immer und ewig die gleiche), sondern es ist die unterschiedliche Wirkungsweise in einer Trägersubstanz. Denn alle Formen werden im Urstoff belebt und beseelt, und das sind die Wesensformen, wobei die Verschmelzung von Energie und lebendiger Substanz diesen Aspekt der Wesensäußerung als Aspekt eines „eigenen Bewusstseins" hervorbringt. Dieses „Bewusstsein und die Wirkungen" sind je nach der natürlichen Aufnahmefähigkeit, der Form und deren Evolutionsstufe verschieden.

---

[34] „Wurzel des Quantenprinzips ist das Bewusstsein" / Blophotonen 411 / Eugene Wigner – Bailey spricht von „Wille" im Atom S.412; Quanten: Nils Bohr, M. Planck, G. Fechner spricht von der Geistigkeit der Materie; „Biophotonen sind Lichtquanten einer Strahlung, die aus lebendigen Zellen kommt"
[35] Biophotonen S. 412
[36] Teilhard de Chardin

Nach dieser Theorie „wählen Atome sich nach Plan" ihren eignen Weg, weil jedes Atom latent Intelligenz, Unterscheidungsvermögen und selektive Kraft besitzt, was bedeutet, dass es im Verlauf von Äonen jenes fortgeschrittene Bewusstsein erreichen wird, das wir das „Menschliche" nennen, welches schließlich im „Omegapunkt" der gesamten Entwicklung jenen allumfassenden Bewusstseinszustand erreichen wird, den wir Gott nennen. Wenn dem so ist, dann sehen wir uns mit einer wunderbaren und weitreichenden Fähigkeit konfrontiert, nämlich mit der Fähigkeit zur „freien Wahl" in der Schöpfung, und die in aufsteigender Linie von der Basis der Biologie bis hinauf zum Gipfel des menschlichen Bewusstseins als eine formative Fähigkeit, einer Art „Auto-Determination" oder „Denkfähigkeit". Jede Form ist somit nur ein Aggregat kleinerer Lebensformationen und das Ergebnis eines Bewusstseins-Kontinuums, das sich permanent zu manifestieren sucht und bestrebt ist, nach den Gesetzen seines „Energie-Daseins" bestimmte Ziele im Kosmos zu verfolgen; dabei wird es durch die anziehende Kraft seines Gegenpols, der „Substanz", gezwungen, sich mit dieser in einem „Grenzring" , also einer Form zu verschmelzen. Diese Vorstellung ist jedoch nur möglich, „durch die Annahme, dass diese unendlich winzigen Atome – als Zentren von Kraft – eine bleibende „Seele" besitzen, und dass jedes Atom Empfindung und Bewegungskraft hat." Nimmt man diese unterschiedlichen Qualitäten des Atoms zur Kenntnis, dann hat man zugleich gefunden, dass das Atom eine lebende energetische Einheit, eine kleine vibrierende Welt ist, und dass innerhalb seiner Sphäre oder seines Einflusses noch andere, kleinere Leben zu finden sind.

Gegenwärtig befassen sich endlich auch die Physiker intensiver mit den möglichen Zusammenhängen zwischen Physik und Bewusstsein, und man kann wieder unbeschadet von der „Geisthaftigkeit der Materie"[37] sprechen, die sich aus deren Doppelcharakter als „Welle und Teilchen" ergibt; denn die Wurzel des Quantenprinzips ist das Bewusstsein. Die Elementarteilchen der Materie besitzen erste Anklänge einer Willenskraft, Selbstaktivität oder eines „Bewusstseins". Darauf kann man die grundlegenden Eigenschaften der „Quantenmechanik" zurückführen, wobei die „Wellenhaftigkeit" der Materie als ihr geistiger Aspekt, ihr Teilchencharakter als körperlich-materieller Aspekt in einer Art „Hierarchie des Teilchenbewusstseins" im Kosmos zu verstehen ist. Man vermutet, dass die Atome verschiedener Elemente noch bisher ungeahnte Eigenschaften besitzen, die psychischer Natur sind und dass „Substanz" als Manifestation alle ankommenden Energiesignale je nach

[37] Eugen Wigner leitet die „Geisthaftigkeit der Materie" aus der Unschärferelation ab, wobei die Wellenhaftigkeit der Geistaspekt und der Teilchenaspekt der Materieaspekt ist, so dass man sogar von einer Hierarchie des Teilchenbewusstseins" sprechen könnte.

„Bedürfnis" absorbieren oder abschwächen, also einfach durch sich hindurchlaufen lassen oder verstärken kann; mit anderen Worten, seine Empfänglichkeit für Energieeingaben nach Belieben einstellt[38].

Verkürzt könnte man zusammenfassend sagen: Schöpfung ist eine Art „Substanzieren von Ideen". Denn das ganze Universum ist nichts anderes als die Manifestation der Ideen Gottes. Es ist die spirituelle Energie selbst, die sich zur eignen Erhaltung ständig im Produzieren einer aus ihr fließenden Kraft aus sich herausstellt. „Substanz" entsteht quasi dabei als der Energieschub im dualen Erschaffen und Beleben und die „Unschärferelation" ist darin die selbst erzeugte Spannung des ewigen Lebens. Die Urenergie ist dabei in allen Dimensionen des Universums die gleiche, wird aber in den verschiedenen Bewusstseinsdimensionen unterschiedlich „erlebt und erfahren". Die Menschheit ist mit ihrem Bewusstsein jetzt an der Schwelle, den Zusammenhang mit den anderen Dimensionen neu zu entdecken, und zwar mittels der Physik, die sich jedoch damit als Wissenschaft zugleich ad absurdum führen wird. „Frühere Zeiten erlebten die Urenergie zwar nicht als „Fehlzündungen zwischen Quarks durch auftreffende Neutrinos", sondern als mystisch anmutende Wunder im Sinne einer Vision, Levitation oder Wunderheilungen, die alle nicht erklärbar waren. Auch die Neutrinos sind nicht erklärbar, ermöglichen aber den ungläubigen Wissenschaftlern, vorerst hypothetisch die anderen Dimensionen als ein Zusammengehöriges zu beschreiben, um so endlich den Schritt in die spirituelle Welt hinter die Physik zu tun und die Metaphysik als eine reale zu akzeptieren.

Spirituelle Übertragung der Urenergie auf die „Substanz" als Träger?

Die Wissenschaft spricht heute bereits vom Oszillieren der Neutrinos. Wenn das der Fall ist, würde es bedeuten, das in der Tat die Neutrinos einen Ansatz für die Entdeckung der Urenergie bieten, die sich aber nach wie vor nicht in der Materie fokussieren lässt, dafür aber als virtuelle Energie um so größere Wirkungen zeitigt. Das Oszillieren von Neutrinos impliziert, dass es auch für Neutrinos einen „Zwischenzustand" oder Ruhezustand gibt, und zwar wie bei der Unschärferelation zwischen Welle und Teilchen. Wäre so ein Einstieg zum Verstehen dieser „Wechselwirkungen" zwischen „Welle und Teilchen" über Neutrinos möglich?

---

[38] Biophotonen S. 208 Die Besonderheit biologischer Kohärenz.

Ja! Das wäre jetzt ein wirklicher Ansatz für die Forschung, den Reich und Reichenbach allerdings schon im letzten Jahrhundert benannten. Denn in der Tat kann nur aus den „Wirkungen" der so genannten Neutrinos das Vorhandensein der Urenergie im Kosmos „abgelesen" werden, und das ist wiederum die einzig erkennbare Möglichkeit, diese Wirkungen aus höheren Dimension zu folgern. Nur wird diese „Nullpunktenergie" niemals mit der euklidischen Physik zu bestimmen sein. Dafür wird man das „Aufnahmeorgan" (Quantenbewusstsein) erst noch entwickeln müssen, um zu „verstehen, ohne bemessen" zu wollen. Aber letztlich operiert ihr ja auch mit Gravitation und Schwerelosigkeit, ohne zu wissen und zu erkennen, was es in Wirklichkeit ist. Selbst die Energie der Atomkraft ist keineswegs schon erfahr- oder verstehbar, wird aber von euch bereits praktiziert". Denn über eure schulphysikalischen Messmethoden würde man nur in eine der vielen wissenschaftlichen „Sackgassen" geraten, und zwar, weil man versuchen würde, die Urenergie an bestimmten Frequenzen fest zu machen.

Das aber wäre fatal, denn es gibt eine ganz natürliche Fortsetzung der Frequenzen (Schwingungen von „Geistteilchen") in anderen Dimensionen. Diese sind dann weder neutral noch sind sie Materie in eurem Sinne, sondern es gibt davon wieder unendlich viele, genau wie die Frequenzen in eurer Dimension, die ja auch nur einen Ausschnitt innerhalb der Skala des Universums darstellen. Neutrinos haben darin eine ganz ähnliche Bedeutung wie die „Frequenzen" in eurer Dimension. Darüber hinaus haben sie für den jeweiligen „Substanzzustand" einer bestimmten Dimension auch noch andere Bedeutungen als nur die von Frequenzen. So sind sie z.B. für die Möglichkeit von Erscheinungen zuständig und für die ständige Verwandlung derselben wie im Traum. Eure „Gestaltvorstellung" auf Erden ist eine relativ sehr feste, aber im Element Wasser oder Luft ist der Begriff der Gestalthaftigkeit schon kaum noch anwendbar. So musst du dir die Gestaltgebung über Neutrinos vorstellen, die in einem viel höherem Maße als bei euch von einer bewussten Vorstellungskraft abhängt. Mit dieser Kraft (Quantenbewusstsein) operiert euer Ätherleib, der z.B. euch die Bilder der Phantasie und im Traum ermöglicht. Das ist die Energie von Neutrinos. Darüber wird übrigens auch der Einstieg in die nächste Dimension erfolgen und eines Tages auch das „Beamen", und zwar dann, wenn die „festen Materieteile" eurer Körper wieder der rein ätherischen Bildhaftigkeit gewichen sein werden."

Voraussetzung für diesen universalen Umwandlungsprozess ist, dass alle „Teilchen" über die Urenergie im Universum direkt mit einander verbunden sind. Denn das „Umsetzen von Ideen" geschieht durch einen Prozess kontinuierlicher Energieverdichtung von Strukturen bis hin zur Materie und erfolgt über die „Nullpunktenergie", weil diese allgegenwärtig ist und durch alle „Substanz" fließt. In der Nullpunktenergie ist alles in der Schöpfung in Ideen- oder in Samenform angelegt und funktioniert perfekt, und zwar wenn der Schöpfungsplan über die Nullpunktenergie in die physische Welt umgesetzt wird, wobei neben Neutrinos die Tachyonen jene „Partikel" sind, die eine Verbindung zwischen Ideen und Manifestationen herstellen.

Tachyonen und Neutrinos sind dabei quasi „Transmitter", die eine Brücke zwischen Idee-Geist und Materie-Gestalt bilden. Es sind keine echten „Elementarteilchen", sondern eher eine Ansammlung elektrisch geladener Impulse (Quarks), die keine Masse besitzen und somit in den Bereich der „Nullpunktenergie" gehören. Sie sind im Kosmos rein virtuell und nicht messbar, müssen aber über ihre im Kosmos durchaus messbaren Wirkungen als existent akzeptiert werden; sie sind zwar selbst nicht zu fokussieren, weil sie elektrisch neutral und daher durch Magnetfelder nicht zu beeinflussen sind, erzeugen aber in der Fusion mit Magnetfeldern bei Elektronen und Photonen Strukturmuster, die dann wiederum messbare Frequenzverbindungen erstellen. Darum kann man diese neutralen Teilchen nur über eine Wechselwirkung erfassen, über die bestimmte Signaturen erzeugt werden. Denn hinter dieser Energiestrahlung verbirgt sich die grundlegende spirituelle Natur aller Gestalten, wobei alle Veränderungen in der Materie über die Verbindungen mit elektronischen Vorgängen erfolgen, die wiederum Umwandlungen in den manifesten Strukturen hervorrufen können, wobei jede erscheinbare Realität immer Frequenzgleichheit mit der dahinter wirkenden Idee besitzt. Diese gestaltbestimmenden „Nullpunktenergien" sind zwar Transmitter nicht elektro-magnetischer Art, also selbst formlos, tragen aber in sich alle Ideen und Informationen, indem sie „geformte Überlichtgeschwindigkeitsfelder" bilden, worüber die Umsetzung von Ideen über einen Prozess kontinuierlicher Energieverdichtung feinster Strukturen bis hin zu groben materiellen Verdichtungen erfolgt. Vor allem aber ist es die Berührung und Verbindung dieser Energien mit dem alles durchflutenden Äther im Kosmos, der bei der „Umsetzung von Gedanken" in ein sichtbar daraus Hervorgehendes mit beteiligt ist, weil der Äther der Urenergie quasi als „Medium" dient. Darum kann man diese neutralen Teilchen nur über eine Wechselwirkung erfassen, über die bestimmte Signaturen erzeugt werden. Denn hinter dieser Energiestrahlung verbirgt sich die grundlegende spirituelle Natur aller Gestalten, wobei alle Veränderungen in der Materie über die Verbindungen mit elektronischen Vorgängen erfolgen, die wiederum Umwandlungen in den manifesten Strukturen hervorbringen.

Zwischen „Welle und Teilchen" liegt in diesem „Verdichtungsprozess" immer Frequenzgleichheit vor. Das hatte bereits Tesla festgestellt. Bei diesen Wechselwirkungen zwischen einem Neutrino und einem Elektron prallt das Neutrino

[52] Radioaktivität und Strahlung werden umgangssprachlich oft miteinander verwechselt oder synonym verwendet (Radioaktivität oder radioaktive Substanz). Gemeint ist Strahlung radioaktiver Stoffe.

vom Elektron ab, wobei hohe Mengen von Energie und spirituelle Impulse ausgetauscht werden und so Elektronen mit Protonen in Wechselwirkung durch den Austausch eines Photons treten. Als „Nullpunktenergie-Strahlung" sind Neutrinos quasi „Solare Raumschiffe"[39] und bieten die einzige Möglichkeit, den massiven Schild eines kosmischen Sternkörpers zu durchdringen und zu „erkennen", wie es in seinem Zentrum aussieht. *„Diese Botschaft erreicht uns ununterbrochen, von einem Strahl getragen, der so hell ist wie das Licht der Sonne und den wir doch nicht wahrnehmen können."* (Phil. Morrison)

Zusammenfassend kann man sagen, dass es dabei um „Wechselwirkungen" zwischen „gedanklichen und substantiellen Energien geht. Denn das gesamte Universum ist eine verkörperte und als Manifestation „eingekleidete Gedankenform". Allein der Mensch besitzt die Fähigkeit, diese „Einkleidungen" zu erkennen und selber „Einkleidungen" für die Formen seiner Ideen zu erschaffen. Gegenwärtig geht es der Wissenschaft leider fast ausschließlich um das „objektive Erfassen" dieser „Einkleidungen" (Hüllen, Manifestationen) und um eine wissenschaftliche Begriffsbestimmung dieser Außenwelt, die man in Indien als „Maya" oder Illusion bezeichnet.

Form an sich ist immer Illusion; denn sie ist das Abbild des Schöpfers in der Schöpfung, welches enträtselt werden muss; sie bildet nur ab und verhüllt damit zugleich. Darum bezieht sich das, was wissenschaftlich konstatiert wird, allein auf wahrnehmbare, „nachweisbare" Fakten, und betrifft nur den objektivierbaren Teil aller Manifestationen und ist somit nur eine partielle Annäherung an einen sehr winzigen Teil eines viel größeren Ganzen, dessen „Essenz" noch überhaupt nicht berücksichtigt wird. Was man nur sehen und berühren kann, ist bloß eine **Wirkung**, der immer eine innere Ursache zugrunde liegt. *„Ich meine, dass das Universum als formlose Potentia in unzähligen möglichen Verzweigungen im transzendenten Bereich existiert und erst dann manifest wird, wenn es von bewussten Wesen beobachtet wird"*[40], und das ist nur über die Quantenmechanik erklärbar.[41] Denn die Wirklichkeit der Schöpfung besteht aus einem „dynamischen Schaukelspiel" zwischen aktuellen und potentiellen Informationen. Aktuelle Informationen sind alle bekannten energetischen Wirkungen, die mit unseren Sinnesorganen registriert werden und wegen ihrer Lokalisierung wahrnehmbar sind. Die „potentiellen Informationen" hingegen sind als „Welt der Möglichkeiten" der imaginäre und allen Wirkungen zugrunde liegende Aspekt in allen Lebensformen.

---

[39] Christine Sutton „Raumschiff Neutrino" / Geschichte eines Elementarteilchen.
[40] Heisenberg, Werner
[41] Goswami, Amit / S. 183

Nach Alice Bailey sind es die **Devas**[42], die als Vermittler zwischen gedanklichen und substanziellen Energien die „Brücke" bilden; es sind die spirituellen elektrischen Energien, die unaufhörlich alle begrenzenden Formen erbauen. Sie bestimmen die Gestalt einer Manifestation und behalten auch während des größten Teiles derselben bis zu deren Umwandlungsprozess die alles bestimmende Oberhand. Bailey: *„Die Deva-Evolution hat tatsächlich während des größten Teiles der Manifestation und bis zum Beginn des Umwandlungsprozesses die Oberhand und erbaut unaufhörlich die begrenzende Form."* Nach der gegenwärtigen physikalischen Definition sind es die „Tachyonen". Es sind Wesenheiten als bestimmende Energiekräfte, Gestaltvoraussetzungen oder erste Formentwürfe, aus denen sich weitere Gestaltungsmöglichkeiten ergeben. Es sind Teilkräfte der Urenergie, die je nach „Substanz" als Überträger von Gestaltmustern fungieren, um dann ihre Bedeutung von den empfangenden Trägern zu erhalten. Das ist wichtig, denn diese Kräfte sind innerhalb der Urenergie objektive, also in keiner Weise vorbestimmte Energien, sondern erhalten ihre Bestimmung als Kraft erst vom Empfänger, der sie assimiliert und dann in Aktivitäten umsetzen muss. Es sind also nicht unterschiedliche Energieübertragungen (denn die Urenergie ist immer und ewig die gleiche), sondern unterschiedliche Wirkungsweisen in einer Trägersubstanz; und das ist mit „Devas" gemeint. Denn alle Formen werden im Urstoff belebt und beseelt, und das sind die Wesensformen, wobei die Verschmelzung von Energie und lebendiger Substanz diesen Aspekt der Wesensäußerung als Aspekt eines „eigenen Bewusstseins" hervorbringt. Dieses Bewusstsein und die Wirkungen sind je nach der natürlichen Aufnahmefähigkeit, der Form und deren Evolutionsstufe verschieden.

Dieser Bereich wurde bisher von der Wissenschaft kaum berücksichtigt, obwohl es der wichtigste Bereich ist, der erforscht werden sollte. Denn dabei geht es um die Erforschung der Wechselwirkungen und Übertragungen von Informationen auf Substanz, also um jene „Kommunikation" der beiden „Seinsbereiche" von Geist und Materie, die für das Verstehen dieser Prozesse so wichtig ist. Man nennt diese Wechselwirkungen das „Taoprinzip" des Lebens, weil es auf den verschiedenen Systemebenen im Universum jene Polaritäten hervorzubringen vermag, die für die Entstehung, Erhaltung und Weiterentwicklung des Lebens notwendig sind. Es handelt sich dabei um Kohärenzen oder der Fähigkeit von Frequenzen zur Überlagerung, wobei nur an dieser „Nahtstelle" Schöpfung stattfindet, denn Schöpfung ist nicht nur das Erscheinen von Neuem, sondern Schöpfung findet in jedem Augenblick statt, in dem die Organi-

---

[42] Devas sind wesenhafte Kräfte, die an der Übertragung der Urenergie als erleuchtete Formgestalter und Bewusstseinsträger am Aufbau aller Gestalten beteiligt sind. Diese Devas wirken „blind" und unter den kosmischen Elektrizitätsgesetzen. (Wir müssen sorgfältig zwischen kosmischer Elektrizität und der spirituellen Energie unterscheiden.) letztere besteht aus elektrischer Substanz, die durch reinen Geist bestimmt ist.

sation eines materiell Gegebenen erhalten wird. Um eine Ordnung aufrecht zu erhalten ist Energie notwendig, wird dagegen Ordnung zerstört, läuft Energie ins Leere, denn atomare Ordnung ist nicht eine aus sich selbst stabile Erscheinung, sondern bedarf immer dahinter einer energetischer Idee, welche sie erhält, wobei jedes Materieteilchen ein Phänomen „energetischer Bewusstheit" ist. So werden „Biophotonen durch Kohärenz zur durchgehenden Brücke für alle Bewusstseins-Dimensionen und bilden die Mitte zwischen potentieller und aktueller Information." Sie sind die Schnittstelle zwischen den virtuellen ganz auf der wellenhaften Seite stehenden Feldern der potentiellen Information und den messbaren auf der teilchenhaften Seite stehenden Feldern als deren aktuellen Informationen. Kohärente Zustände sind die Schnittstellen, an denen über die „Unschärferelation" das Geistige ins Materielle hinein wirksam werden kann."[43]

„Kohärenz" / Quantenfunktionalismus

Die Kohärenz von „Quant und Welle" bildet die Brücke zwischen potentiellen und aktuellen Informationen, was die dabei entstehenden Biophotonenfelder zur Brücke zu höheren Dimensionen macht. Kohärente Zustände sind „unscharf", also unbestimmt, weil sie Welle und Teilchen in sich vereinigen und so die Mitte zwischen potentiellen und aktuellen Informationen bilden. Kohärenzen sind Überlagerungen von Wellen, in deren Knotenpunkten sich quasi Materieteilchen bilden. Denn kohärente Zustände sind „Wellenpakete" für die in der Quantenphysik die grundlegende Regel der „Unschärferelation" gilt, in der sich die prinzipiell unvereinbaren Gegensätze zu einer neuen höheren Einheit vereinen und mitten zwischen Teilchen und Wellenaspekt liegen. Dabei ist ein Teilchen definitionsgemäß etwas Lokalisierbares, sozusagen eine auf einen Punkt zusammengeschrumpfte Welle, wobei es reine Wellenhaftigkeit ebenso wenig wie reine Teilchenhaftigkeit oder Inkohärenz gibt. Beide Zustände sind ineinander verflochten und können einander nie gegenseitig völlig vernichten, sondern ganz im Gegenteil werden auf diese Weise von den erzeugten Biophotonenfelder stabilisiert. Auf diese Weise ist das Biophotonenfeld durch kohärente Zustände mit dem „Vakuumfeld" im Kosmos verbunden, wobei das Licht zum organisierenden Prinzip im „Schöpfungsprozess" wird. Dabei bestimmen wiederum morphogenetische Felder als informierende und formbildende Faktoren die Biophotonenfelder. Denn die Steuerung des molekularen Geschehens erfolgt in den Zellen durch Signalübermittlung mittels Lichtteilchen, die Lebenskraft aufnehmen und den Stoffwechsel aktivieren, wobei bestimmte Moleküle wie z.B. DNS, RNS oder helixförmige Proteine die Fähigkeit besitzen, mit Hilfe der Biophotonen den

[43] Popp, Fritz Albrecht

Stoffwechsel zu koordinieren, was wiederum bedeutet, dass Organismen ankommende Signale je nach Bedürfnis empfangen, absorbieren oder einfach hindurchlaufen lassen können. Und das heißt, solche energetischen Strukturfelder oszillieren ständig um diesen „unscharfen Schwellenzustand" herum, wodurch die Schwingungsquanten z.B. über die DNS in rhythmischen Impulsen weitergeleitet werden.

Auch für Teilhard de Chardin sind alle Elemente im Kosmos bereits im Geist angelegte spirituelle Substanzen aus deren Anfang das gesamte Kosmos resultiert: *„Es sind im Schöpfungsausstoß gestaltgebende Teile des Lichtes latent enthalten. Diese unterschiedlichsten Baustoffe, die sich vom Licht als Energien abspalten, durchdringen als Licht das gesamte Universum".* Es handelt sich dabei um jene Interferenzwellen, an deren Kreuzungspunkten je ein Quant als Zwischenteil von Materie und Energie erzeugt wird. Die Art dieser Überschneidungen ist für die gesamte Materie gestaltgebend und formbestimmend.[44] *„Dabei sind Frequenzkohärenzen, die zur Biophotonenbildung sich differenzieren als Elemente bereits ein „Strukturmuster". Das im Schöpfungsakt ausgegossene Licht ist die Sichtbarmachung des Geistes und enthält als Geistesausfluss alle Grundelemente bereits in sich, die dann im ausgegossenen Licht zu Teilchen durch Überschneidung der Wellen sich zusammenfinden wie bei einer Zeugung,"* wobei die Ausgießung des „Lichtes", das bereits alle Keime der gesamten Schöpfung enthält, das Mittel ist, Reingeistiges in die Sichtbarlichkeit der Schöpfung hinein zu ermöglichen. Denn das Licht selbst ist bereits ein Erschaffenes und doch auch noch ein Geistiges, das in einer weiterer Entwicklung seine Manifestierung anstrebt, wobei Gedanken und Energien sich bedingende sind (Tao-Prinzip). Gedanken streben immer danach, sich sichtbar zu verwirklichen, was natürlich nur in einer Form erfolgen kann, die in den jeweiligen Bedingungen einer Bewusstseinsdimension möglich ist. Zwar sind in der irdischen Bewusstseinsdimension die physikalischen Gesetze für eine bewusste und praktische Umsetzung die bestimmenden, aber viel entscheidender als diese ist das Wissen um die gesamte Skala aller Frequenzbereiche, wobei diese Skala die Darstellung sehr unterschiedlicher Verdichtungsgrade von Substanz bis hin zur größten materiellen Verdichtung im Kosmos ist. Darum ist es notwendig, über die wissenschaftlich-physikalischen Bedingungen hinaus immer an den ganzen Schöpfungsvorgang zu denken. Denn, was für die erkennbare, kosmische Dimension gilt, ist immer nur ein sehr begrenzter Ausschnitt.

---

[44] Teilhard de Chardin „Der Mensch im Kosmos."

Alle Wechselwirkungen oder Interferenzen folgen dem Gesetz von Schwingungen und sind buchstäblich die „Resonanz"[45] oder Reaktion der Substanz auf eine Kraft, die von einer Energiequelle ausgeht. Es ist der primäre Impuls, um ein schwingungsfähiges System zum „Aufschaukeln" von Energieübertragungen zu bringen. Physikalisch gesprochen handelt es sich dabei um das „Skalarpotential des Vakuums", das selbst keine „Masse" besitzt und deshalb bei „Übertragungen" im Kosmos auch keinen störenden Einfluss auf die Schwingungen selbst nehmen kann, sondern lediglich Energiewellen in Bewegungen versetzt, indem „Verdichtungen und Verdünnungen" verursacht werden; und das bedeutet, dass Skalarwellen jederzeit durch Interferenzen in elektromagnetische Wellen und in Materie umgewandelt werden können, um auf diese Weise nach Beardens sowohl Bewusstsein als auch Substanz steuern, bzw. auch umgekehrt von beiden beeinflusst werden können.[46]

Skalarwellen sind longitudinal schwingende massefreie Wellen im elektrostatischen Potential des „Vakuums", die nicht an die Lichtgeschwindigkeit gebunden sind (Licht ist eine Vektorwelle) und sich deshalb schneller oder langsamer als das Licht bewegen können. Es sind quasi „trägerfreie Energien", die über das menschliche Bewusstsein auch „angezapft" werden können. Diese Einflüsse oder Schwingungen, die eine Resonanz erwecken, wirken auf jede Form und jedes Atom im Kosmos ein; und es lässt sich von ihnen lediglich sagen, dass sie selbst „Bewusstsein" besitzen und dieses je nach der Resonanz, die sie erweckt haben, dieser Resonanz bestimmte Rhythmen auferlegen und dadurch Konglomerate hervorrufen. Es handelt sich um ein sogenanntes *„Transferpotential, eine Übertragung, die sich nur über die Quanten-Nichtlokalität erklären lässt, weil beide: Geist und Quant auf grund ihrer Quantennatur als ein nichtlokales korreliertes System agieren. Daraus folgt , dass die Relationen zwischen Geist und Quant Parallelen wie Unschärfe, Komplementarität, Quantensprünge, Nichtlokalität aufweisen. Was wir als Geist bezeichnen besteht aus Objekten, die mit den Objekten submikroskopischer Materie*

---

[45] Als *Resonanz* werden in der Physik Vorgänge bezeichnet, bei denen ein schwingungsfähiges System mit seiner Eigenfrequenz durch Energiezufuhr angeregt wird. In diesem Fall beträgt die Phasenverschiebung zwischen Erreger und erzwungener Schwingung 90 Grad, der Energieübertrag auf das schwingungsfähige System ist in diesem Fall maximal. Hierdurch kann die Amplitude des angeregten Systems auf ein Vielfaches der Erregeramplitude ansteigen. Vergleiche Seiten 32/33 und 54, 172

[46] Beardens, Thomas: „ Skalarfelder"; „Biophotonen" (S. 404): „Insofern ist Beardens Theorie richtig; falsch sind nur seine alten physikalischen Begriffe. Es sind keine Gravitationswellen, sondern Urenergiestrahlungen, die eben nicht schon physikalisch nachweisbar, aber durchaus bereits erfahren sind. Sklalar ist eine unbenannte Zahl Vektoren – sind Flächen-Tensore – sind Bestimmungen; „Skalarwellen sind longitudinal schwingende massefreie Wellen im elektrostatischen Potential des Vakuums, die nicht an die Lichtgeschwindigkeit gebunden sind (Licht ist eine Vektorwelle) und sich deshalb schneller oder langsamer als das Licht bewegen können." Für C .G .Jung sind darum Psyche und Materie aus demselben Stoff. (208)

---

verwandt sind und Regeln unterliegen, die denen dieser ähneln.[47] *Diesen Prozess der Umwandlung nennt man „Quantenfunktionalismus".*

Die historische Debatte, ob Lichtstrahlen aus Teilchen oder aus Wellen bestehen, wurde in der Quantentheorie damit beantwortet, dass ein Lichtstrahl aus Photonen besteht, deren Aufenthaltsort im Rahmen der Quantenmechanik durch eine Wahrscheinlichkeitswelle beschrieben wird. Diese Wellen können miteinander interferieren (siehe Doppelspaltversuch). In der Theorie der „Materiewellen" wurde gezeigt, dass jedem Teilchen eine Wellenlänge zugeordnet werden kann. Dies erklärt, warum ein Elektronenstrahl auch Interferenzphänomene zeigt. Dieses Strahlungsgesetz findet bei wissenschaftlichen Forschern allmählich Anerkennung, seitdem sie die Radioaktivität gewisser Substanzen festgestellt haben, der zufolge alle Substanzen auf einer gewissen Stufe ihrer Evolution auszustrahlen beginnen, wobei alle Energiestrahlenfelder immer eine radiale Struktur aufweisen, die einerseits die Zunahme der Dichte eines Körpers bestimmt und andererseits Anziehungskraft und Abstoßungskraft, denn beides ist das Ergebnis der Grundwirkung jedes Verstrahlungsfeldes. Ergebnis einer erfolgten Interferenz zweier Lichtwellen ist ein Photon, das sich am Schnittpunkt bildet. Angeblich wird aus diesem Zusammenstoß neue Energie erzeugt. Das ist aber falsch – zwar sind Interferenzen immer eine Art Zusammenstoß, aber lediglich als Schnittpunkt zweier Wellen zu verstehen, nicht als Erzeugung neuer Energien.

Energie-Strahlen-Felder oder
Das Mysterium der Elektrizität

„Es sind drei elektrische Kräfte, drei Hauptströme, die es mit der atomaren Substanz zu tun haben, aus der alle Formen erbaut sind. Das „Mysterium" dieser dreifachen Art von Elektrizität ist jene elementare „Essenz", die das Geheimnis dessen enthält, was allem objektiven Dasein zugrunde liegt und zugleich dessen Gerüst bildet. Es ist schwer zu ergründen, weil es sich auf die im Äther enthaltenen Kräfte bezieht, die alle Atome mit Energie versorgen und dadurch zur Tätigkeit antreiben. Denn alle diese Manifestationen beruhen auf elektrischer Aktivität und hängen mit der Essenz der Materie zusammen. Das Mysterium der Elektrizität befasst sich mit dem „Gewand" (Manifestationen) , „Hüllen" der Essens, Substanz) Gottes, so, wie das Mysterium der Polarität seine „Form" betrifft." (Alice Bailey)[48]

Dieses „Mysterium der Elektrizität" bildet die Basis aller Manifestationen im Kosmos und zugleich den „spirituellen Hintergrund" aller Evolution. Vom

---

[47] Für C. G. Jung sind darum Psyche und Materie aus demselben Stoff
[48] A. Bailey, „Das Bewusstsein des Atoms."

Physischen aus gesehen sind diese Strahlenkräfte das, was der Materie Energie verleiht. Vom psychischen Aspekt aus sind sie das, was ihr Qualität und Bedeutung verleiht. Hinsichtlich der Evolution von Grundplan zu Grundplan, von Kette zu Kette, und von Globus zu Globus zirkuliert diese Kraft oder Qualität im Universum, wobei sie in der permanenten Umwandlung allem Dasein etwas hinzufügt und gleichzeitig etwas wegnimmt. Alle potentiellen Anlagen liegen in der belebenden, energieverleihenden Kraft von Wille und Geist als Impuls und Fähigkeit anzuregen und voranzustreben, und das ist das Leben selbst und die treibende Kraft in der manifesten und substantiellen Evolution. Diese bietet wiederum die Voraussetzung für alle umzuwandelnden Wirkungen der subjektiven psychischen Entfaltung des Bewusstseins, wobei es sich dann nicht mehr um die Evolution der Substanz handelt, sondern um die sich entfaltende Differenzierung und Transparenz des Bewusstseins. Es ist ein Zirkulus vitiosus, eine in sich kreisende Bewegung der Liebe, die durch die von ihr selbst hervorgebrachten Bedingungen, über die Transparenz alle substantiellen Gestaltungen wieder zum eigenen Ausgangspunkt im Zentrum zurückkehrt. Es ist die ewige Duplizität von Ursache und Wirkungen, weil jeder Gestaltung ein Impuls zur Weitergestaltung innewohnt und mit dem Urstrahl als Liebe verbunden ist. Durch unendlich viele Kombinationsmöglichkeiten ergeben sich dann auch unendlich viele Gestaltungs- und Wirkungskräfte. In diesem universalen Prozess ergibt sich Folgendes: Energie als Elektrizität wirkt als Strahlung und stellt sich im Kosmos als Schwingung dar. Es ist die Kraftquelle der Energie im Urstrahl, die als geeinte Identität in der Materie einer bestimmten Bewusstseinsebene zum Ausdruck kommt.

Diese primär schöpferische Willensenergie ist immer die Urenergie als „radioaktive elektrische Kraft", die vom Zentrum aus gesehen primär positiv aufbauend ist. Diese radioaktiven Energien strahlen in eine evolutionäre, ununterbrochene und unendlichen Kette von partiell gegliederten Monaden ein, in denen jeweils eine Endbedeutung erreicht wird, wobei ihre Essenz jeweils in die Gestaltung immer höher dimensionierter Gestalten hineingezogen wird, und das erfolgt über magnetisch-empfangende und anziehend-negative Elektrizität. Dabei wird in der jeweils neuen Position diese Energie wieder in den positiven Impuls eines weiteren und übergeordneten Formaufbaus umgewandelt. Die Atomenergie ist dabei immer der gestaltgebende Aspekt, welcher in diesem Prozess der jeweils neuen Form als ätherische Matrize dient. Dieses elektrische Wechselspiel zwischen zwei Einheiten verursacht jenes schöpferische „Licht" (Photo-

---

[58] So wie beim sonnennächsten Planeten Merkur, der beim Umlauf um die Sonne nur eine 1,5-malige Achsenumdrehung hat, oder wie beim Trabanten Mond, der gar keine mehr besitzt.

[59] Die bekannteste Wirkung mineralischer Initiation durch Feuer ist die fundamentale Veränderung und Umformung. von Kohle in einen vollkommenen Diamanten. Ein weiteres Beispiel für eine höhere Wertstufe ist die Strahlung, das Senden von Strahlen, wie z.B. beim Radium.

nen in allen Gebilden), wodurch manifeste Objektivität entsteht und zur Quelle allen lebendigen Wachstums wird. Bei jeder Umwandlung „flammt" quasi das atomare Licht auf, durchstrahlt den Kausalkörper, und es erfolgen darüber Auflösung oder Entweichen der Essenz; der Kausalkörper selbst verschwindet im Auflodern elektrischen Feuers, um in einer höheren Manifestation wieder Gestalt anzunehmen oder „geboren" zu werden, um darin wieder als positiv elektrischer Impuls erneut zu wirken.

Dieses Prinzip einer sich ständig wandelnden unendlichen „Energie-Kette" gilt auch für die Entwicklung des menschlichen Bewusstseins und wird in Zukunft beim nächsten „Dimensionskipp" für die Menschheit eine Transmutation der beiden Körper: Physis und Ätherleib zur Folge haben.[49] Bisher – in den letzten 20.000 Jahren - blieb die Gen-Basis der Menschheit bis auf geringfügige Veränderungen erhalten – selbst Aborigines haben noch immer eine mit allen Menschen gleiche DNS, wobei man bei Affen bereits von Mutation sprechen muss. Alle Funktionsbereiche werden in der Zukunft davon betroffen sein, wobei es sich um eine Dimensionsverschiebung im Bewusstsein handeln wird, die auch eine genetische Verschiebung zur Folge hat. Erst nach diesem Umwandlungsprozess wird es den Menschen dann über das erreichte „Quantenbewusstsein" wirklich möglich sein, die Bedeutsamkeit dieses Tranformationsprozesses voll zu erkennen; denn alle Versuche, es mit dem heutigen Bewusstsein zu beschreiben, bleibt Projektion eines Zukünftigen und ist nur die Vorstufe zum zukünftigen Aufstieg in eine höhere Bewusstseinsebene. Dieses Prinzip einer durchlaufenden Entwicklung im Physischen wie im Bewusstsein ist auch der Grund für die ununterbrochene Einheit aller Entwicklungszyklen.

---

[49] Diese Vorstellung nichtphysischer „Energiekörpern" taucht historisch in allen Kulturen unterschiedlich auf. Es sind feinstoffliche Körper aus Licht. Wobei diese Ätherleiber alle Prozesse im physischen Körper steuern, der nach den tibetanischen Lehren auch nur „geronnenes Licht" ist.

Teil II

Einheit des Allbewusstseins

Durchgängige Frequenzen

Auf diese Weise lässt sich auch die Einheit des „Bewusstseins" vom Atom bis zur Gottheit selbst nachvollziehen; denn nur so kann das Leben Gottes in seiner essentiellen Manifestation gesehen werden, wie es sich in einem ewig sich ausdehnenden Bewusstsein auswirkt; wie es sich im Substanzatom demonstriert, durch das Mittel der Form erweitert, bis es einen Kulminationspunkt im Menschen findet und dann auf seiner Bahn weitergeht, bis es sich als die Gesamtsumme aller Bewusstseinszustände im Kosmos offenbart.[50] Für die ontogenen Bewusstseinsentwicklung jedes Menschen können wir analog zur Jahrtausende langen phylogenetischen Bewusstseinsentwicklung, die Gebser anschaulich beschrieben hat,[51] vier Bewusstseinszustände intelligibler Aktivität unterscheiden, die man als Denk-Bewusstsein, Selbst-Bewusstsein, Gruppen-Bewusstsein und transzendentes Bewusstsein bezeichnen könnte.

Im Lexikon findet sich folgende Erklärung für Bewusstsein: „*Der Zustand des Gewahrseins*" oder die *Bedingung für Wahrnehmung, die Fähigkeit auf Stimuli zu reagieren, die Gabe, Kontakte zu erkennen und die Kraft, Schwingungen zu synchronisieren.*" Bewusstsein wird nicht nur dem Tier und dem Menschen zugestanden, sondern erstreckt sich auch auf das Pflanzenreich bis ins Mineralreich hinein. Selbstbewusstsein als die vollzogene Vollendung der Evolution des gesamten Bewusstseins hat dagegen nur der Mensch. In allen Naturreichen sind zwar die unterschiedlichsten Grade und Arten von Bewusstsein anzutreffen, aber nur im Menschen zeigen sich die ersten Symptome von *Selbst-Bewusstsein*. Das ist die Fähigkeit, durch die der Mensch seiner selbst gewahr wird und nicht nur eine gesonderte Identität ist, sondern auch über seinen physischen Körper hinaus einen innewohnende Impuls hat, die Instanz seiner Seele zu suchen. In den östlichen Philosophien lehrte man immer, „*dass alles lebt und bewusst ist, aber dass nicht alles Leben und Bewusstsein dem des Menschen „gleicht"*[52]*; und weiter wird die Tatsache betont, dass „zwischen dem Bewusstsein des Atoms und dem einer Blume, zwischen dem einer*

---

[50] Teilhard de Chardin; „Der kosmische Christus".
[51] Jean Gebser; Ursprung und Gegenwart a.a.O
[52] Yogananda / „In der Schöpfung scheint Gott im Gestein zu schlafen, in den Blumen zu träumen, in den Tieren zu erwachen und im Menschen zu wissen, dass er wach ist."

Blume und dem eines Menschen, zwischen dem eines Menschen und dem eines Gottes enorme Intervalle bestehen.“

Als ein Substanzatom aus der Fülle eines „Atom-Chaos“ in die integrierende Form eines Moleküls eingebaut wurde, war das für das Atom eine Art „Einweihung“ oder Höherpotenzierung, indem es sich einer neuen Art von Kraft „gewahr“ wurde und seinen Kontaktbereich erweiterte. Als das Bewusstsein der Pflanzen und des Tierreiches sich einander durchdrangen und das Leben vom niedereren Naturreich in das höhere überging, fand jedes Mal eine Höherpotenzierung durch eine Erweiterung des Bewusstseins statt. Als das Bewusstsein des Tieres sich in das des Menschen ausdehnte, fand der entscheidende „Quantensprung“ zum menschlichen Bewusstsein statt. Gegenwärtig steht die Menschheit wieder vor einem solchen Quantensprung, nämlich einer „Höherpotenzierung ihres bisherigen Bewusstseinspotential in das Supramentale oder „Quantenbewusstsein“. Es ist also eine permanente fließende Entwicklung des Bewusstseins, an dem alle Geschöpfe teil haben. Gipfelte bisher der höchste Bewusstseinslevel im reflektierenden Ichbewusstsein, so weist das zukünftige Quantenbewusstsein weit darüber ins Transzendente hinaus. In diesem Wechselspiel zwischen Energie- Strahlen und Substanz sowie der permanenten Verwandlung innerhalb einer Entwicklung gilt auch für das Bewusstsein die kardinale Frage, wo ist in der Dualität von „Geist und Körper“ der „Sitz“ des Bewusstseins im Menschen?

Zum „Sitz“ des Bewusstseins im Menschen

Zur Frage nach dem „Sitz des Bewusstseins“ und seinen Steuerungsvorgängen bietet die Forschung sehr unterschiedliche Antworten an, die von „Holographischen Biophotonenfeldern im Gehirn“ als sogenannten Informationsspeichern bis hin zu Wechselwirkungen von Energiefeldern, die alle noch im hypothetischen Bereich verbleiben. Die kardinale Frage ist dabei, wie gelangt ein elektrischer Impuls von einem Neuron über einen synaptischen Spalt – das ist die Stelle, an der die Erregung von einem Neuron auf ein anderes übertragen wird – ins Gehirn. Das aber geht allein nur über einen quantenmechanischen Prozess als Wellenfunktion, um im Gehirn das entsprechende „Quant“ abzurufen. Goswami spricht in diesem Zusammenhang von einem „Quantenmechanismus“.[53]

---

[53] A. Goswami S.214 „Mir ist klar, dass die Daten, die zwischen Geist und Quant Parallelen wie Unschärfe, Komplementarität, Quantensprünge, Nichtlokalität und letztlich auch kohärente Superpositionen erkennen lassen, nicht unbedingt für schlüssig zu erachten sind. Denn was wir als Geist bezeichnen, besteht aus Objekten, die mit den Objekten submikroskopischer Materie verwandt sind und Regeln unterliegen, die denen der Quantenmechanik ähneln.“.

Einige dieser Erklärungsversuche wurden mir als teilweise richtige Ansätze bestätigt, jedoch durch folgende Hinweise ergänzt: *„Natürlich müssen im Menschen immer Empfangs- und Speicherorgane vorhanden sein, nur einen so großen Speicher für sämtliche Erinnerungen im Leben könnte es niemals geben. Es handelt sich dabei vielmehr um Modelle von elektrischen Kombinationen bei gleichen Strukturen, die Erinnerungen wieder abrufbar machen. Das aber ist nur die eine Seite im Organismus. Die andere Seite ist die Eingabe für Erinnerungen, die über die Sinneswahrnehmungen erfolgen und ähnlich wie bei einem Film in einem Superspeicher*[54] *(Akasha-Chronik, „Riesencomputer") registriert werden, an dem alle Menschen angeschlossen sind, um im gesunden Zustand jederzeit Erinnerungen davon abrufen zu können."* Für den Physiker Henry Stapp unterliegt das Gehirn einem Quantensystem, das mit Programmen arbeitet, die reine Wellenfunktionen sind. Dabei ist das Gehirn nur ein empfangender Messapparat eines Makro-Quantensystems von mentalen Archetypen, die universalen Charakter haben.

Dieses Prinzip erklärt auch das Phänomen der Hypnose, in der z.B. Dinge abgerufen werden, die vom Hypnotisierten selbst nicht bewusst erfahren wurden und insofern gar keine echten „Erinnerungen" sind. Es handelt sich dabei um sogenannte „Chips", auf deren Eingabe ein Auswurf an Bildern und „Erinnerungen" genau wie im Traum erfolgt. Denn im Traum sind alle Menschen an diesen „Riesencomputer" angeschlossen, was natürlich auch für den Zustand nach dem Ableben im Jenseits gilt. In der Alzheimer Krankheit sind lediglich die Chips zerstört und darum können keine Erinnerung mehr abgerufen werden . Es macht darum wenig Sinn, sich weiterhin allein nur mit den rein organisch-physiologischen Bedingungen zu befassen, vielmehr sollte sich das Interesse der Wissenschaft endlich dem Ursprung aller Bewusstseinsvorgänge zuwenden. Denn die Ursachen sind nicht im „Gehirn" zu finden, sondern sind in der bisherigen Latenz von Energiepotentialen zu suchen. Denn nicht die Funktionen des Gehirns werden „erweitert", sondern im Ätherleib werden bisher latente Empfangsmöglichkeiten durch Energiefelder erneut aktiviert; diese sind ohnehin bei den einzelnen Menschen sehr unterschiedliche entwickelt, denn Gedanken und Ideen sind nur über den Ätherleib empfangend erreichbar, genauso wie die dafür belebende Kraft im Bewusstsein. Das allein macht den Stand eines menschlichen Bewusstseins aus (*„Du bist, was Du denkst!"*)[55].

Zwar werden alle Frequenzen der Gedanken ins menschliche Gehirn „transponiert" (umgesetzt) und so wiederum über die „Vernetzung" der Nerven weitergeleitet und für einen Menschen „greifbar" (begreifbar) gemacht, aber das

---

[54] Goswami, S. 216
[55] „Cogito ergo sum" = Ich entscheide, also bin ich / ich denke, also bin ich.

„Verstehen" selbst eines Gedanken weist weit über diesen rein mechanisch-or-ganischen Vorgang des Empfangens hinaus und erfolgt allein über die spirituel-len „Vernetzungen des Ätherleibes". Denn Gedanken erreichen den Menschen naturgemäß nur über den Ätherleib, der die jeweilige Frequenz des Quantenbe-wusstseins ins menschliche Gehirn „umschaltet", so dass Gedanken über die Vernetzung der Nerven für einen Menschen „greifbar" (begreifbar) werden. Je mehr nun im Ätherleib die Chakren als bereits vorhandenen Module aktiviert worden sind, umso stärker werden auch jene bisher latenten spirituellen Berei-che des Ätherleibes wieder aktualisiert werden, bis diese Aktivitäten am Ende des neuen Äons den leiblichen Träger völlig überflüssig gemacht haben werden. Dieser „Umbruch" hat in der Gegenwart begonnen, erfolgte aber z.B. bei den meisten „Heiligen" schon immer. Paranormale Phänomene, ließen das schon immer erkennen, werden aber gegenwärtig noch immer als unerklärliche Wun-der irritiert abgetan oder auch verehrt, jedoch nicht begriffen. Noch führt der Umgang, diese neuen Erfahrungsmöglichkeiten sinnvoll einzusetzen, bei den meisten Menschen zu großen Verunsicherungen und bereitet vielen Menschen noch Schwierigkeiten. Viele von paranormalen Aktionen Betroffene werden in der Gesellschaft als Störenfriede oder Verrückte verlacht oder ausgeschaltet. Das sind jedoch nur Übergangserscheinungen in einer Phase verstärkter Un-sicherheit und eines Erklärungsnotstandes „der angeblichen Funktionen des Gehirns".

Denn letztendlich ist das menschliche Bewusstsein vom Hirn als Organ völlig unabhängig. Nur in der noch immer primär materiell-physiologisch bestimm-ten medizinischen Wissenschaft steht der Körper als Träger aller Bewusstseins-vorgänge an erster Stelle. Doch die Grundstruktur dessen, was wir Bewusstsein nennen, ist bestimmt durch eine im Erleben mitgegebene Abgehobenheit eines Subjektes von einem Objekt, eines **Ichs** von einem **Nicht-Ich** (Lersch). *„Dass der Mensch in seiner Vorstellung das Bewusstsein von seinem Ich hat, erhebt ihn unendlich über alle anderen auf Erden lebenden Wesen, und darum gehört das menschliche Bewusstsein als solches bereits einer höheren geistigen Ebene an und ermöglicht überhaupt erst dem Menschen, auch seinem biologischen Träger wie-der für den spirituellen Empfang zu aktivieren und „transparent zu machen."*

Allein darin besteht letztendlich auch die „Unabhängigkeit des menschlichen Bewusstseins" von seiner Physis, die dem Tier nicht gegeben ist. Andererseits ist natürlich der Körper als vitale Basis und als Träger des Bewusstseins für das reibungslose Funktionieren mit verantwortlich. Mit anderen Worten: wenn das „Radio" defekt ist, funktioniert es nicht mehr und kann weder empfangen noch senden. Darum setzt auch das Bewusstsein für den Menschen einen ganz intakten „Wiedergabemechanismus" voraus. Aber die „Musik" wird nicht vom Radio erzeugt, sondern nur darüber empfangen und gesendet. Wenn darum die wissenschaftliche Forschung in ihren Bemühungen weiterhin am „Apparat" stecken bleibt, wird man niemals hinter das Geheimnis des Bewusstseins kommen. Denn alle bisherigen physiologischen Forschungsergebnisse haben lediglich für die Anfänge des Lebens und für einen primitiven Informationsmechanismus in tierischen Organismen eine gewisse erklärende Geltung, jedoch nicht für den menschlichen Bewusstseinsbereich, der nicht über eine „medizinische Hirnforschung" zu finden ist. Es ist daher an der Zeit, weg von einer rein mechanistisch-physikalischen oder physio-biologischen Hirnforschung auszugehen, um sich endlich menschheitlich-relevanteren Bedingungen zuzuwenden. Denn das Bewusstsein ist kein Derivat der Physis, sondern absolviert genau wie diese eine völlig eigenständige Entwicklung, die zwar immer an substanzielle Manifestationen gekoppelt, niemals aber auf diese zurückzuführen ist, sondern völlig unabhängig davon lediglich deren formale Ausgestaltung bestimmt.

Zwei Bewusstseinsarten

Quantenbewusstsein	**Ichbewusstsein**
Traumbewusstsein	**Wachbewusstsein**
Vertikales Bewusstsein	**Horizontales Bewusstsein**

„Wir müssen endlich erkennen, dass wir sowohl spirituelle Wesen sind, die mit ihrer Seele in einer spirituellen Welt existieren, als auch materielle Wesen, die in einer materiellen Welt existieren"[56]. Und das bedeutet, dass im physiologisch-natürlichen Entwicklungsprozess der Menschheit als bestimmende Komponente immer auch der „Geist als Bewusstsein" hinzutritt und den „Startpunkt" für jegliche Weiterentwicklung markiert, die bei Menschen nicht mehr automatisch wie in den Geschöpfen der Natur erfolgt, sondern von diesem selbst mitbestimmt wird. Insofern ist nicht mehr die menschliche Physis allein die Basis dieser Weiterentwicklung, sondern vor allem der Ätherleib als bestimmender Impuls des Bewusstseins. Nur so ist auch die Äußerung der hl. Hildegard zu verstehen: „Der Mensch trägt für das Universum Mitverantwortung." Allein dass unser Bewusstsein seine Informationen nicht nur über die physischen Sinne und äußeren Wahrnehmungen bezieht, sondern auch eine unmittelbare Verbindung zu höheren Bewusstseinsdimensionen hat, Dafür legen parapsychologische Phänomene als „Transkommunikationen" oder außersinnliche Wahr-

---

[56] Vladimir Delavre; S. 298: „Signale aus anderen Welten" – Wenn es ein Leben nach dem Tod gibt, ist nur darüber ein Informationsaustausch denkbar.

nehmungen wie Telepathie, Visionen, Prakognitionen oder Sendungen über „morphogenetische (oder morphische) Felder"[57] ein Zeugnis ab, so dass das längst als bewiesen gilt, Es handelt sich dabei um „Resonanzen" zu anderen unsichtbaren Informationsfeldern.

Denn auch in der „Welt der Gedanken" existiert für Bohm eine Art Wechselwirkung. In seiner Schrift „Die Implizite Ordnung" wird der „Quantenäther" als richtungsweisend auch für das zukünftige Denken der Menschheit bezeichnend: *„Die implizite Ordnung ist fundamentaler und umfassender als die explizite Ordnung. Sie erscheint wie ein Wurzelgrund, in dem die Objekte der expliziten Ordnung vor ihrer Manifestation in virtueller Form als „Keime" oder „Urbilder" ruhen".[58] Darum scheinen auch „Geistige Phänomene" wie Gedanken eine „Komplementarität" auszuweisen. Denn diese Wechselwirkungen gelten nicht nur für Objekte unserer äußeren Wahrnehmungswelt, sondern gleichermaßen für die „inneren" Erscheinungen unserer subjektiven Welt, für die Gestalten unseres Denkens, Fühlens und Vorstellens. So wie „jeder Moment des Bewusstseins einen gewissen expliziten Ausdruck hat, der ein Vordergrund ist, und einen impliziten Inhalt, der ein dazugehöriger Hintergrund ist", so hat auch jedes Materieteilchen als expliziter Teil einer Ganzheit seine Ergänzung in der impliziten Ordnung."*

Die wissenschaftliche „Hirnforschung" spricht in diesem Zusammenhang von einem „physischen Bewusstsein" und im Gegensatz dazu von einer „intuitiven Intelligenz": *„Ich bin nun endgültig zu der Annahme gekommen, dass es im Menschen zwei verschiedene Intelligenzorgane gibt, und zwar den Thalamus (Sehhügel), welcher der Sitz des Instinkts, und die Hirnrinde (Cerebral Kortex), die der Sitz der verbündeten Fähigkeiten des Intellekts und der Intuition ist".[59]*

Dieser Standpunkt von „zwei „Intelligenzorganen" findet eine genaue Parallele in der orientalischen Lehre, die als Tatsache annimmt, dass sich das koordinierende Funktionszentrum der gesamten niederen Natur in der Gegend des Hirnanhanges und der Kontaktpunkt des Höheren Selbst sowie die Intuition in der Gegend der Zirbeldrüse befindet. Auch Goldberg spricht in diesem Zusammenhang von *Rationalität und Intuition, die nicht nur wie ein Tandem arbeiten, sondern wie zwei separate Wasserrohre, die denselben Zapfhahn bedienen*[60], wobei das Denkvermögen von der Seele Erleuchtung in Form von ausgeschütteten Ideen oder Intuitionen empfängt, die ein direktes Wissen vermitteln, wobei Intuitionen immer als unfehlbar gelten. Dieser Vorgang wird dann vom „aktiven

---

[57] Rupert Sheldrake spricht von „unsichtbaren Informationsfeldern"
[58] Bohm / Die implizite Ordnung
[59] Bailey, a.a.O.
[60] Phil Goldberg: „Die Kraft der Intuition" S. 32

Denkvermögen" quasi wiederholt, indem die von der Seele übermittelten Intuitionen und Erkenntnisse dem empfangsbereiten Gehirn zuleitet werden.[61]

Im Prinzip gilt das nicht nur für Ideen, sondern für alle Gedankeneingaben. Denn auch Gedanken haben hinter ihren expliziten Äußerungen eine implizite transzendente Überlagerung durch spirituelle „Archetypen", die „Beleber des Bewusstseins" sind und allein den Stand eines menschlichen Bewusstseins ausmachen, weil alle Aktivitäten des Geistes immer mit „Nichtlokalität" verbunden sind und so ein permanentes „Oszillieren" zwischen Quantenbewusstsein und Ätherleib erfolgt; Denn das *„Quantenbewusstsein ist der Denker hinter den Gedanken"* – es ist der Geist oder das Selbst, das mit sich selbst interagiert und Ideen generiert, wobei dieses Selbst sich weder im Körper noch im Hirn befindet. Es ist gleichzeitig überall und nirgendwo und gehört nicht in den Bereich der Gedanken, sondern liegt in der „Lücke" zwischen unseren Gedanken – und das ist die „Unschärferelation".

Übertragungen von Ideen oder Gedanken weisen darum auch immer auf eine „Kommunikation" zwischen beiden „Bewusstseinsarten" hin: dem „Denkbewusstsein" und dem „spirituellen Quantenbewusstsein", die eine gemeinsame Ursache haben und zwischen Geist und Quant Parallelen aufweisen. Es handelt sich also um einen quantenmechanischen Prozess, also um eine Wellenfunktion, um gewissermaßen ein „Quant" im Gehirn abzurufen, wobei es sich um eine transzendente Ordnung im Bewusstsein handelt.[62] Man vermutet, dass *„virtuelle elektrische Impulse" von Zelle zu Zelle im Gehirn* über einen synaptischen Spalt in einem quantenmechanischen Prozess, also über eine Wellenfunktion gelangen, um das zu bewirken.[63] *„Daraus ergibt sich der Schluss, dass Psyche und Materie in einer und derselben Welt enthalten sind, überdies miteinander in ständiger Berührung stehen und schließlich beide auf anschaulichen transzendentalen Faktoren beruhen und deshalb nur zwei verschiedene Aspekte einer und derselben Sache sind."* Dabei ist der Ätherkörper die Empfangsstelle für Energie-Strahlen und als integraler Bestandteil aller „Substanzformen" die Basis für alle quantenmechanischen Bewusstseinsprozesse; denn dieser ätherische Energiekörper ist die Wesensäußerung alles Lebens, indem über ihn jede Form auf der äußeren, objektiven Ebene beseelt wird. Durch dieses „Medium" ist jeder Mensch grundsätzlich mit jeder anderen Ausdrucksform des Lebens verbunden. Goswami spricht in diesem Zusammenhang von einem

---

[61] Das ist die Bestätigung der Platonischen Ideenlehre auf der neuronalen Ebene.
[62] Goswami S.165 s.166 „Daraus ergibt sich der Schluss, dass Psyche und Materie in einer und derselben Welt enthalten sind, überdies miteinander in ständiger Berührung stehen und schließlich beide auf anschaulichen transzendentalen Faktoren beruhen und deshalb nur zwei verschiedene Aspekte einer und derselben Sache sind."
[63] Goswami S.165 s.166

„Quantenmechanismus".[64] Damit ist die Fähigkeit eines „Quantenobjektes" (eines Gedankens) gemeint, über ein eigentlich unüberwindliches „physisches Hindernis" zu kommen, eine Fähigkeit, die sich allein aus seiner „Wellennatur" ergibt. Für C. G. Jung liegt die Lösung dafür in der Annahme, dass „Psyche und Physis" oder Geist und Materie ohnehin aus demselben „Stoff", und zwar „Energien" sind, wobei das Gehirn als physisches Organ nur die Funktion eines empfangenden Messapparates besitzt, der für ein riesiges gedankliches Konglomerat oder Makro-Quantensystem von nichtlokalen, archetypischen Quanten das Empfangsmodul ist. Dabei funktioniert der Quantenmechanismus ähnlich wie ein Laserstrahl im Gehirn. Dieser öffnet sich durch Kohärenzen dem nichtlokalen Bewusstsein, worüber ein Transferpotential ausgelöst wird, das sich in der formlosen „Potentia" im transzendentalen Bereich des Bewusstseins befindet. Goswami: *„Zusammenfassend geht es mir darum, dass wir die Funktionen des Gehirns als Bewusstsein neu betrachten müssen, und zwar als Messapparat einerseits und auch als Quantensystem andererseits."*[65] Für ihn gibt es quasi zwei Bewusstseinssysteme: *„Es existieren im Gehirn zwei Bewusstseinssysteme, und zwar ein Makro-Quantensystem, ein Konglomerat von Archetypen als universale Quanten und das physische Gehirn, was nur ein Messapparat ist."*[66]

Korrekter wäre allerdings: Nicht im Gehirn, sondern über den „Ätherleib" funktioniert ein Quantenmechanismus wie ein Laserstrahl als nichtlokales Bewusstsein durch Überlagerungen von Kohärenzen, worüber ein Transferpotential ausgelöst wird, was sich in der formlosen „Potentia" im transzendentalen Bereich des Bewusstseins befindet, und vom physischen Gehirn dann registriert wird. Denn das physische Gehirn funktioniert wie ein Computer, der mit Programmen arbeitet, die aus reiner Zweckmäßigkeit den deterministischen Gesetzen der klassischen Physik folgen. Das Quantensystem arbeitet dagegen mit Programmen, die nur teilweise algorithmisch sind und wie ein Laser funktioniert, der sich dem nichtlokalen Bewusstsein öffnet.

Ohne der weiteren Entwicklung vorzugreifen – und sie wird sicher noch lange Zeit in diesem einseitig physiologischen Denken weitergeführt werden – lässt sich heute schon sagen, dass man mit unserem rein materiellen Denken bei ausschließlicher Beschränkung auf rein physiologische Aspekte dafür keine Antwort finden wird, weil nur eine konsequente Bewusstseinsumstellung ei-

[64] A. Goswami S.214 „Mir ist klar, dass die Daten, die zwischen Geist und Quant Parallelen wie Unschärfe, Komplementarität, Quantensprünge, Nichtlokalität und letztlich auch kohärente Superpositionen erkennen lassen, nicht unbedingt für schlüssig zu erachten sind. Denn was wir als Geist bezeichnen, besteht aus Objekten, die mit den Objekten submikroskopischer Materie verwandt sind und Regeln unterliegen, die denen der Quantenmechanik ähneln."
[65] Goswami a.a.O.
[66] Goswami S.216

nen wirklichen Zugang zu höheren Schwingungsbereichen ermöglicht. Denn alles besteht aus Schwingungen, die zusammen gehören. Nur der irdische Schwingungsbereich ist ein sehr begrenzter, wobei dennoch aus höheren Dimensionen ständig Schwingungen durchdringen und nur bewusster empfangen werden müssen. Latent sind dafür im menschlichen Bewusstsein sogenannte „Chips" vorhanden, die auf Eingaben über eine Resonanz reagieren, und dieser Resonanz-Empfang muss in Zukunft aktualisiert werden.

Umwandlung und Bewusstseinspotenzierung

Dabei stellt sich die Frage, woran man den gravierenden Unterschied zwischen dem heutigen Ichbewusstsein und dem zukünftigen Quantenbewusstsein festmachen kann. Werden da lediglich bisher latente Bereiche aktiviert oder treten neue hinzu? Ist das Gehirn nach wie vor lediglich das Umschlagsmodul oder der Messapparat für ein reines Denkbewusstsein oder hat die Menschheit bisher allein diesen Teilbereich aktivieren können? Werden weitere Bereiche aus der Latenz befreit, wobei diese jedoch selbst nichts mit dem Bewusstsein zu tun haben? Handelt es sich dabei lediglich um eine Erweiterung der Empfangs- und Speichermöglichkeiten (vergleichbar einer Hardware-Aufrüstung am PC) und worin besteht die Mitarbeit der Menschen selbst an diesen Prozessen?

Bei diesen Frequenzübertragungen oder Resonanzen handelt es sich immer um Aktivitäten des „Ätherkörpers, der allerdings in der bisherigen menschlichen Bewusstseinsentwicklung primär nur eine „abbildhafte Funktion" (Matrize) für die Physis hatte und als „Aktivposten" im Hinblick auf ein innerlich wirkendes „Quantenbewusstsein" bisher nur sehr selten bei Heiligen oder medial begabten Menschen (Genies) aktiv in Erscheinung trat. Zwar ist bei dieser Umwandlung oder Höherpotenzierung des Bewusstseins das Prinzip der *„vermittelnden Energiefelder"* das gleiche, nur nicht die gleiche Lichtenergie. Sie ist hinsichtlich des menschlichen Bewusstseins eine ganz andere, die nichts mehr mit mikroskopisch vergleichbaren Bewegungen (Biophotonen, Neutrinos etc.) zu tun hat. Nicht, weil das Empfängerorgan (Hirn) anders strukturiert ist, sondern es werden einfach bei der für die Entwicklung des menschlichen Bewusstseins notwendigen Energien ganz andere Bewusstseinsfelder angesprochen, die man nicht mit den Biophotonenfeldern vergleichen kann. Denn der Mensch ist ein sehr hochfrequentes Energiefeld, das zwar in seiner Mikrostruktur noch nach den bereits beschriebenen Prozessen abläuft, aber hinsichtlich des menschlichen Bewusstseins nicht mehr davon berührt wird. Es ist eher umgekehrt, dass z.B. eine nicht gelungene Einstrahlung von Energien in das Bewusstsein eines Menschen rückwirkend an seinen körperlichen Mikroprozessen sichtbar wird – dadurch entstehen z.B. Krankheiten. Es handelt sich also bei diesen Prozessen um „Resonanzen" zu anderen unsichtbaren Informationsfeldern. Und diese Erkenntnis, „morphogenetische Felder oder spirituelle Übertragungen" zu empfangen und verstehend umsetzen zu können, macht sich gegenwärtige Medizin heute schon bei Steuerungen von Prothesen zu nutze. Es sind erste Versuche in die richtige Richtung.

Dieser Zugang zu „morphogenetischen/morphischen Feldern" wird in Zukunft vielen Menschen wieder geöffnet werden, wobei gegenwärtig eine solche „Öffnung" aktiv über den Willen noch nicht zu erreichen ist, sondern eher im Gegenteil, nur im Loslassen aller blockierenden „Willensimpulse und „konditionierten Prägungen" einem Menschen widerfahren. Denn willensmäßige Impulse verhindern jede parapsychologische Übertragung und machen Erfolge zunichte. Denn solche „empfangenden Öffnungen nach Innen" sind niemals determinierte oder automatische Aktivitäten, sondern setzen eine bedingungslose „Bereitschaft" voraus; und nur darüber wird es in Zukunft möglich sein, sich auch im Wachbewusstsein in höhere Bewusstseinsdimensionen „einzuklinken", und zwar genauso wie jetzt schon im Traum, in dem man zwar auch „Wahrnehmungen" hat, die aber nicht mit der grobstofflichen Sinneswahrnehmung zu vergleichen sind. Im Traum ist jede Kontrollfunktion des Ich ausgeschlossen und darum erlebt der Mensch im Gegensatz zu wachbewussten Wahrnehmungen eine absolute Einheit von Vorstellung, Handlungen und Verstehen. Erst wenn der Mensch das „Risiko eines Kontrollverlustes" so wie in der Meditation auch im Wachbewusstsein eingeht, werden diese jenseitigen „Portale" für das Bewusstsein geöffnet werden. Allein der Ätherleib ist euer „Traumkörper", und nur im Traum wird den Menschen quasi ein Einblick in die „spirituelle Welt" des Quantenbewusstseins gewährt, weil dieser „feinstoffliche Zustand" dem Geistursprung viel ähnlicher ist. Genau wie im Traum erfolgen über das Quantenbewusstsein auch alle Übertragungen über den Ätherleib, nur viel stärker als im Traum, denn das eigentliche Leben selbst spielt sich in diesen „parapsychologischen Bildübertragungen" ab.

„Hinsichtlich dieser energetischen Schwingungsfelder besitzt du auf Erden eine der höchsten Schwingungsgeschwindigkeiten überhaupt, denn beim automatischen Schreiben hast du sie bereits erreicht. Das muss nur noch auf alle Sinneswahrnehmungen übersetzbar gemacht werden. Obwohl du bei diesem „Umschalten" selbst nichts spürst, bist du dabei auf eine andere Wellenlänge umgestiegen. Im Traum ist es genauso und du spürst auch nichts. Nicht du machst dabei etwas, sondern es wird umgeschaltet, indem du dich führen lässt und alle bewussten gedanklichen Kontrollfunktionen ausschaltest und dich einfach diesen Schwingungen überlässt. Jede Höherpotenzierung aller Frequenzen erreicht die Menschen nur über eine Aktivierung deren Chakren am Ätherleib,

deren Rotationsgeschwindigkeiten nur über ein absolutes Loslassen aller aktiven Willensimpulse des Ich erfolgen können. Denn es geht allein darum, auf alle Kontrollfunktionen durch das Bewusstsein zu verzichten. Dann ist der Empfang höherer Frequenzen ganz automatisch programmiert, wobei wiederum der Mensch die Voraussetzungen für diese Frequenzen schaffen muss, was durchaus ganz bewusst geschehen kann. Und das verweist wieder auf die Feststellung zweier Bewusstseinsarten im Menschen."

Egobewusstsein und Quantenbewusstsein
nach Phillip Lersch

Der personale Oberbau (Kortex) – das Ich-Bewusstsein

Intelligenz und Wollen als Ichfunktionen / Denken, Verstand, Vernunft als Ergebnisse

I. Die wichtigsten Charakteristika des Ichbewusstsein sind:

1. Intentionalität oder Wille: eine absichtliche, auf einen bestimmten Zweck ausgerichtete Intention, einschließlich Wünschen, Sehnsüchten, Lüste.

2. Selbstbewusstsein – Selbstwahrnehmung

3. Reflexionsvermögen, Bewusstheit

4. Erfahrungen des transpersonalen Selbst – Erkenntnis oder Offenbarung

5. Entscheidungsfreiheit und Verantwortung

6. Weltinnewerden

Intentionalität ist immer eine selbst-bewusste Erfahrung, die vor allem zielgerichtet gesteuert ist und auf dem Eigenwillen eines Ich beruht. Es ist zugleich die Erfahrung der Teilung in Ich-Subjekt und Nichtich-Objekt. Dabei handelt es sich primär um rein sekundär-horizontale Bewusstheitsprozesse, deren Folge im besten Fall die Reflexion des Ich ist. Das Ichbewusstsein identifiziert sich dabei als Urheber eines „konditioniert Erlernten", wobei ab und zu diese vom Ego definierte Selbst-Identität durch Erfahrungen des im Inneren wirkenden transpersonalen Selbst „ausgedehnt" und gestört wird.

Denn von diesem Ichbewusstsein mit allen seinen unterschiedlichen Aktualisierungen muss noch die „Bewusstheit" unterschieden werden. Beim Bewusstsein selbst handelt es sich um jene Funktion, die wir als feststellende, bei der Bewusstheit dagegen um eine Funktion, die wir als Stellung nehmende bezeichnen müssen. Dasselbe Ich, das auf der Stufe des Bewusstseins hervortritt, Feststellungen der Sacherfassung trifft und sich selbst in der eigenen Rückbesinnung als formaler Einheitsbezugspunkt aller Erlebnisse erweist, wird nun noch in anderer Weise wirksam, nämlich nicht nur als Träger des „Überblicks und der Orientierung" über seelische Inhalte und Vorgänge, sondern auch als Träger einer Verfügungsgewalt über sie, als Fähigkeit, sie in Gang zu bringen oder ihren Lauf zu steuern. Diese Möglichkeit verdankt der Mensch dem Sich-Erinnern und Sich-Besinnen. „Bewusstheit" vollzieht sich als ein Stellungnehmen des Ich zu seinen Erlebnissen. In der seelischen Entwicklung eines Menschen tritt die Bewusstheit darum erst auf den Plan, nachdem schon ein Bewusstsein vorhanden ist, das sich seinerseits wiederum im Zuge der Sprachentwicklung aus dem schlichten Erleben entfaltet hat. Dabei wird in allen Bewusstseinsvollzügen immer auch zugleich die „Wachheit des Ich" erlebt. „Seid wachsam!" So stellen Leben, schlichtes Erleben, Bewusstsein und Bewusstheit eine Art Pyramide dar, deren Basis das Leben und deren Spitze die Bewusstheit ist. Diese vier genannten Aktualitätsstufen, die vom erlebnislosen Leben bis zur Bewusstheit reichen, sind nun nicht durch scharfe Grenzen voneinander getrennt, sondern durch allmähliche Übergänge miteinander verbunden.

In den östlichen Lehren spricht man in diesem Zusammenhang vom Erwachen geistiger Fähigkeiten, „buddhi", was leider von der allein kognitiv ausgerichteten westlichen Psychologie gern ignoriert wird, weil es dabei um sogenannte „nichtlokale Übertragungen" von „spirituell" beeinflussenden Kräften geht. Beispiele einer solchen „nichtlokalen (quantenbewussten) Synchronizität" sind alle paranormalen Erfahrungen. Nach den östlichen Auffassungen agiert das „Selbst" in zwei Modalitäten: 1. konditioniert als Ego in allen sekundären Bewusstseinsbezogenheiten und 2. als „Quanten-Modalität", die mit „quanten-bewussten Erfahrungen" zusammenhängt, also mit primären impliziten Erfahrungen des transpersonalen Selbst. Denn unser Ego ist in vielen normalen Alltagserfahrungen gar nicht immer enthalten. Allerdings kommt es in dieser Art transpersonaler Erfahrungen, die ins Bewusstsein „hineinspielen", fast immer zu einer impliziten Teilung der Welt in Subjekt und Objekt, wobei es nur selten für das Ich in der sekundär-horizontalen Bewusstseinsebene einen Nachhall dieser Erfahrungen gibt, eigentlich so gut wie nie. Allerdings würde in einer zu erstrebenden Wiedervereinigung von Ich und Selbst eine „quantenbewusste Transzendierung" aller Objekte in immer höhere „Samadhi" (subjektiv-verinnerlichte Zustände) beginnen.[67] Samadhi ist die Erfahrung, die Ego-Ebene der Identität zu transzendieren und das wahre Wesen des Selbst zu erkennen.

---

[67] vgl. Patanjal, 200 vor Christus; er nannte diesen Zustand „Samadhi". Samadhi ist die Erfahrung, die Ego-Ebene der Identität zu transzendieren und das wahre Wesen des Selbst zu erkennen.

Der Mensch reagiert mit dem Erscheinen seines „Ego" (3. bis 4. Lebensjahr) primär auf mentale Programme oder konditionierende Vorgaben in einer bewusst festgelegten Hierarchie von Regeln und Gesetzen. Es ist die Bewusstseinsebene aller horizontal bezogenen Aktivitäten im Leben, wodurch der Mensch anfängt, ein getrenntes individuelles Ego zu entfalten, das auswählt und einen „scheinbar" freien Willen hat. Unsere linguistisch strukturierte, sogenannte rationale und logische Denkweise ist nämlich ein Denksystem, das allein auf den sensorischen Wahrnehmungen der Welt beruht. Und diese sensorische Wahrnehmung ist inkorrekt. Denn in diesem Zusammenhang ergibt sich zwingend die Frage nach dem „freien Willen" des Menschen, ein Problem, das bereits Augustinus und Pelagius zu einem Disput über die „Gnade" veranlasste.[68] Gefangen in den *„Klauen dieser Art von Rationalität zu sein, ist das schlimmste Schicksal, das den Menschen widerfahren kann"*. Was Stephan Hawking beschreibt, ist lediglich die Natur des Seins und in diesen „sekundären Bezügen der realen Existenz" hat der Mensch zwar Entscheidungsfreiheit oder die Möglichkeit der Wahl, nicht aber einen wirklich freien Willen. Letztendlich hat der Mensch lediglich eine einzige freie Willensentscheidung im Bezug auf sein eigenes Sein: *Für Gott oder für die Welt*. Für Gott bedeutet: *„jener freie Wille des Atman"*, das vor jeder Art von reflektierender Erfahrung des individuellen Selbst existiert. Denn auf der Ebene der eigentlichen „Primärprozesse"[69] gibt es keine Konditionierung und darum uneingeschränkte Wahlfreiheit. Willensfreiheit auf der sekundären Horizontalebene besteht dagegen lediglich in der Fähigkeit, zu erlernten und konditionierten Reaktionen „Nein" sagen zu können. Und allein darüber kommt die Getrenntheit zum Vorschein, und bestätigt die Trennung von Ich und Gott, jenen nur „scheinbar freien" Willen gegenüber jener größeren Entität.

Über dieses unendliche „Gewebe scheinbar freier Willensbekundungen" laufen fast alle Wechselwirkungen ab, welche ein Ich als „Ereignisse" seines Lebens empfindet. Das ist dann jenes „erfüllte Leben", was beim Abscheiden so gern lobend erwähnt wird. Die dahinter wirkenden Bedeutungen und der Sinn bleiben dabei selbst oft verdeckt und ein großes Geheimnis. Die erlebten und erlittenen Veränderungen und Wechselwirkungen dagegen spielen sich im konditionierten Außen ab und sind für einen Menschen zwar als sein Lebensprozess wahrnehmbar, aber in Wahrheit für sich genommen ein völlig bedeutungsloses reines Kulissengeschiebe. Eine wirklich freie Wahl gibt es auf der horizontalen Bewusstseinsebene nicht, denn das, was das Ich dafür hält, ist nur eine Änderung der Selbstbespiegelung, nichts mehr. Die einzig freie Entscheidung, die der

---

[68] „Über die Gnade" – die Frage ist: Gnade als willentliche Bestrebung – oder Gnade als ein Geschenk.
[69] Primärprozesse liegen immer vor den willensmäßigen Handlungen als spirituelle Impulse, die lediglich zur Disposition für ein Ich stehen.

Mensch hat, ist die Entscheidung seiner Bewusstseinsrichtung: „hin zu Gott oder hin zur Welt." Und dennoch gehören auch alle diese erlernten Programme, die nur zu „Sekundär-Ereignissen" beitragen, immer als Teil zur spirituell-übergeordneten Hierarchie, die jedoch in ihrer kausalen Kette im Menschen einen Riss erfährt. Dieser Sprung oder diese Diskontinuität, entspricht nicht nur der Rolle des Quantensystems, sondern jener durch das nichtlokale Bewusstsein hervorgerufene „Kollaps" lässt sich auch nur über das Quantensystem erklären. Allerdings wird diese Diskontinuität im realen Leben ständig verschleiert und als Akt des freien Willens eines Pseudo-Selbst ausgelegt, woraus dann irrtümlich eine Identifikation des „nichtlokalen Subjektes" mit einem begrenzten, individuellen Selbst entsteht. Nur in einer Höherpotenzierung unseres „real" linear konditionierten Bewusstseins lässt sich dieser „Riss" im kausalen Denken über das supramentale Bewusstsein transferieren.

Jeder Mensch hat diese „Freiheit", sich für eine der beiden Richtungen zu entscheiden, in die er gehen will. Danach handelt es sich nur noch um das Handhaben und Umsetzen alles „Eingegebenen" – Talente oder Begabungen - für die ein Mensch insofern die Entscheidungsfreiheit hat, sie anzunehmen, abzulehnen oder umzusetzen. „An ihren Taten sollt ihr sie erkennen!" weil es die Wirkkräfte oder besser „Bewirkkräfte" sind, deren Ergebnis die darüber umgesetzten „Bilder in der Welt" sind, aus denen man dann wiederum die Motive als Ursachen für eine „Tat" ableiten kann, denn jedes Leben umfasst nicht nur einen rein linear-horizontalen Wahrnehmungsprozess, sondern auch zugleich die Möglichkeit eines Weltinnewerden, Reflektierens und der Selbsterkenntnis. Allein erst das Erkennen eines hinter den Handlungen „Erscheinenden" eröffnet gewisse Einsichtsmöglichkeiten, die dem Menschen zwar quasi wie eine Bewusstseinserweiterung erscheinen mögen, aber eben noch lange keine Höherpotenzierung in die nächste Bewusstseinsdimension, einen „Samadhi", bedeuten. Ein Übergang in dieses Erkennen eines Erscheinenden ist das „Fürwahrnehmen und Weltinnewerden."

„Außenerleben" und „Weltinnewerden"

I. Außenerleben

Diese zwei Bewusstseinsrichtungen: eine horizontale und eine vertikale begleiten den Menschen durch sein ganzes Leben. Es sind einerseits die horizontale Verflochtenheit mit der Welt und andererseits die integrative Ganzheit durch alle vertikalen bewussten Einstrahlungen seelischer Vollzüge und innerer Zustände, wobei wir zwischen praktisch-intelligenten und geistig erkennenden

Funktionen des Denkens unterscheiden. Die intellektuellen Funktionen des Denkens bestehen darin, dass uns das Denken im Setzen von Begriffen und im Feststellen von Beziehungen die Möglichkeit gibt, die Welt als eine Ordnung von Sachverhalten zu erkennen, worüber wir uns praktisch auf die Welt einstellen können. Es geht dabei um das intelligente Erfassen, die Wirklichkeit des Seins ins Bewusstsein zu bringen, und zwar als ein überschaubares geordnetes Feld von Gegenständen und Sachverhalten. Medium der Intelligenz ist dabei die Sprache, und zwar die Sprache als laut formuliertes Denken oder verbalisierte Gedanken.

Die geistig-ideellen Funktionen des vertikalen Denkens hingegen finden ihre voraussetzende Grundlage in den transitiven Gefühlsregungen einer Innerlichkeit des Gemüts und verweisen bereits auf eine andere Dimension eines denkenden Erkennens hin. Diese geistige Funktion des Denkens erschließt z. B. im subjektiven Sinnerlebnis die Sichtbarkeit einer Idee, die allen Erfahrungen und religiösen Offenbarungen zugrunde liegt. Dieses Denken erfragt aus der Erkenntnis eines ordnenden Logos danach, woher unser eigenes Dasein seinen Sinn erhält.

Diese Doppelfunktion des horizontalen und vertikalen Denkens spiegelt sich auch in der zweifachen Bedeutung der Sprache wider. Ist das Denken in seiner rein intellektuellen Funktion ein Mittel, das Dasein in der Welt zu organisieren und zu interpretieren, so wird es in seiner geistig-ideellen Funktion zur bedeutungsvollen Auslegung der Welt von Sinngehalten, Ideen und Wesenheiten des Seins. William Stern spricht in diesem Zusammenhang von *„Gegenstands- und Beziehungsdenken"* (horizontal) im Unterschied zum reinen „Sinndenken" (vertikal). Diese beiden Bewusstseinsausrichtungen, die Horizontale und die Vertikale, ergeben in ihren vielschichtigen Überschneidungen den individuellen Eigenraum eines Menschen, über den auch alle Vernetzungen und Kommunikationen zu anderen Menschen hergestellt werden. Einerseits bieten diese Überschneidungen für den Entwicklungsprozess der Menschheit die notwendigen Reibungen und Spannungen. Andererseits ermöglichen sie jedem Menschen, sich seines eigenen Ich bewusst zu werden und sind die Voraussetzung für die Transparenz einer Selbsterkenntnis. So bestimmt das Zusammenspiel von horizontaler und vertikaler Bewusstseinsausrichtung den größtmöglichen geistigen und materiellen Bewegungsradius des Ich, der auf der Horizontalen alle äußeren Strebungen des Ich umfasst und auf der Vertikalen die Verbindung zur Seele und zur Transzendenz des Innenbereiches des Erlebens ermöglicht.

2. Weltinnewerden – Der Innenbereich des Erlebens: Vorstellung/ Phantasie/Intuition

Über das sich in der Welt Orientieren hinaus hat der Mensch ferner die Möglichkeit des Weltinnewerdens und des Erschließens eines geistigen Innenbereiches in sich selbst. Ein erster Schritt in die Dimension des Weltinnewerdens ist die Möglichkeit des Menschen zum vorstellenden Sich-Vergegenwärtigen; denn Vorstellungen durchflechten integrativ alle sinnlichen Wahrnehmungen und sind Funktionen unseres Gegenstandsbewusstsein, wobei reine sinnliche Wahrnehmungen mehr den Charakter der Leiblichkeit haben, Vorstellungen mehr den der Abbildhaftigkeit. Im Wahrnehmen erfassen wir quasi einen objektiv realen Raum, Vorstellungen figurieren dagegen in einer scheinbar anderen Dimension, die dem sinnlich wahrnehmbaren Raum quasi überlagert ist. Allerdings hätte der Mensch ohne Wahrnehmungen auch keine Vorstellungen, denn Vorstellungen entstehen aus Wahrnehmungen, und beide bedingen sich gegenseitig, weil Vorstellungen wieder integrativ auf Wahrnehmungen zurückwirken. Zusammen gehören sie zu den grundlegenden Vollzügen der Weltorientierung und des Weltinnewerdens.

Eng verbunden mit der Fähigkeit zu Vorstellungen ist auch das „Fürwahrnehmen". Gleichzeitig mit dem „perspektivischen Bewusstsein" in der mentalen Phase entdeckt der Mensch eine „Welt hinter der Welt" im Weltinnewerden. In einem sinnlich wahrnehmbaren realen „Vordergrund" erscheint ihm ein dahinter irreal Vorgestelltes. Erst diese durchscheinende Welt hinter den Dingen gibt dem Leben seinen wahren Sinn und offenbart den Gesamtzusammenhang eines ganzheitlichen Geschehens.

In seiner" Ästhetik" spricht N. Hartmann vom „Aufscheinen mehrerer Hintergrundsschichten in einem Kunstwerk", was überhaupt erst die Bezeichnung „Kunst" ermöglicht. Am Beispiel eines gemalten Portraits wird dieser „Schichtenaufbau" besonders deutlich und damit zugleich das irreale Fürwahrnehmen über ein bloß reales Wahrnehmen hinaus sehr anschaulich dargestellt:[70]

„Im Vordergrund ist das allein Realgegebene, die Farbflecke auf der Leinwand in durchaus zweidimensionaler Anordnung.

Es erscheint sodann durch diesen Vordergrund hindurch die erste Hintergrundsschicht: die „dreidimensionale Räumlichkeit", ein irreales Licht, sowie eine dingliche Gestalt mit Umgebung.

---

[70] Nicolai Hartmann: Ästhetik S.166

Man kann als Drittes hier die Schicht der irrealen Bewegung, einer lebendigen Leib-lichkeit einschalten – z.B. das Mienenspiel.

Dann erscheint erst der Mensch mit seiner Innerlichkeit, seinem Charakter – ein Schicksal wird deutlich an seiner Persönlichkeit.

Das Wunderbare aber ist, dass auch diese ganz undinglich und unsinnlich er-scheinende Schicht noch einmal die Kraft der Transparenz für etwas anderes hat: Es kann im Portrait eines Menschen seine individuelle Idee erscheinen; und das ist nicht die Fähigkeit des Menschenkenners, der stets das Typenhafte sieht, sondern hierbei geht es um das Hindurchschauen bis auf das Einmalige, was letztlich die wahre „Ähnlichkeit" ausmacht.

Und dann gibt es noch etwas: ein allgemein Menschliches im Gegensatz zur indi-viduellen Idee, das Aufleuchten eines Seelischen."

An diesem Beispiel wird deutlich, das der Mensch hinter einem real gegebe-nen Vordergrund immer zugleich auch einen irreal erscheinenden Hintergrund wahrzunehmen vermag: Das ist **Fürwahrnehmen**. Allerdings handelt es sich bei einer rein ästhetischen Wahrnehmung nicht nur um ein Fürwahrnehmen eines hintergründigen Wesenskerns, sondern auch um eine ganz persönliche ästhetische Wertung einer subjektiven Wahrnehmung. Man muss darum un-terscheiden zwischen subjektiven Bewertungen durch Identifikationen und ei-nem Fürwahrnehmen vom Wesen in Dingen und Geschöpfen. Fürwahrnehmen hat nichts mit der Realität einer Bilderebene zu tun, sondern ist eine Identifi-kation mit der Geistigkeit einer Bewusstseinswelt. Streng genommen geht es also immer nur um das Erfassen eines Wesenkerns über die Transparenz eines realen Vordergründigen.

Fürwahrnehmen grenzt nahe an den Bereich der Phantasie an, weil auch die Phantasie ein Geschehen eines inneren vorstellenden Erlebens ist. Allerdings gehört die Phantasie wie auch die Intuition bereits in den Bereich des „Quan-tenbewusstseins", weil über die „Phantasie" ein „Dimensionswechsel" im Be-wusstsein offensichtlich wird. Dieser Vorgang der Entschleierung des Selbst durch Verneinung der reinen Formseite des Lebens und der daraus folgenden Unfähigkeit der verschiedenen „Hüllen", das Wesen weiter zu verbergen, kann sowohl als Transmutation (Umwandlung) wie auch als Transferierung (Über-tragung) des Bewusstseins bezeichnet werden. Phantasie als Transmutation wäre dann die Änderung und Umleitung der Energien des Denkvermögens, der Gefühle und der physischen Natur, so dass sie der Offenbarung des wirklichen Selbst und nicht bloß zur Offenbarung der psychischen und körperlichen Natur dienen.

Urphantasie

In der Phantasie erfasst der Mensch durch äußerlich ausgelöste Wahrnehmungsreize bereits latent gestaltete Bilder in seiner Vorstellung. In der Theorie geht man davon aus, dass ohne diese immanente Urphantasie eine ganzheitliche Gestalterfassung des Menschen nicht zu erklären wäre. Somit ist die Urphantasie die Vorbedingung für das Entdecken aller Ideen und im Weltinnewerden gleichsam das „Gelenk", welches den Außenbereich des Erlebens mit dem sich offenbarenden Innenbereich verbindet. Man vermutet, dass bereits im vorbewussten Zustand im Menschen ein Fundus unendlicher Bilder und Ideen „vorgeformt" latent vorhanden ist. Man könnte diese im Hinblick auf das menschliche Leben als sogenannte „archetypische Muster" oder auch Such- und Erwartungsbilder bezeichnen, die der Mensch quasi erst im Leben wahrnehmend „wiedererkennt" und dann abruft, wobei „jenes vorbewusste Bild" mit einer realen wahrnehmenden Erfahrung zur Deckung gebracht wird. Die Urphantasie, die als Gestalteinheit und Bedeutsamkeitsganzes in der Wahrnehmung entdeckt wird, ist bereits vorstellungslos und vorbewusst in der Seele vorhanden und wird nur bei der Begegnung mit der Welt durch die Vermittlung der Sinnesorgane in die Wachheit des bemerkenden Erlebens gehoben. Insofern könnte man diese Urphantasie auch als „schöpferische Phantasie" bezeichnen, die über die Intuition erfolgt, bei der es sich bereits um sehr viel höhere Frequenzen im Bewusstsein handelt.

Nach dem Prinzip der Urphantasie sind somit alle Ideen vorgeformt und in den Urbildern vorhanden. Platon spricht in diesem Zusammenhang davon, dass alle realen Objekte unvollkommene vergängliche Abbilder transzendenter ewiger Ideen seien. Da aber alle „Eingaben oder Entdeckungen" nach ihrer Hervorbringung des ordnenden Prinzips des Denkens bedürfen, um sie in die bereits bestehenden Ordnungen und Bedingungen der Welt einzuordnen, wird auch das „Weltinnewerden" über das denkende Erfassen ständig von einer Weltorientierung überformt und sogleich als scheinbare „persönliche Leistung" und Besitz empfunden. Darum sagt Paulus zurecht: *„Was rühmt ihr euch, als hättet ihr nicht alles empfangen!"* (I Kor 4,7)

Allerdings liegt auch wie im realen Wahrnehmen der Phantasie immer eine bewusste innere „Entscheidung" zugrunde, vordergründige Wahrnehmung dahingehend zu verändern, dass alle Möglichkeiten jener „zweifachen Wahrnehmung" innerhalb der Ichbewusstseinssphare ausgeschöpft werden. Und das empfindet der Mensch dann als seinen ureigenen Beitrag in der Umsetzung von Phantasien. Denn je höher die Frequenzen im Bewusstsein sind, umso „transparenter" ist auch die „Substanz" als Empfänger und Träger für spirituelle

Eingaben, die für den Menschen oft nicht mehr sinnenhaft messbar sind, aber als Frequenzen den Menschen in Gedanken, in ihrer Phantasie und über Intuitionen durchaus zur Verfügung stehen. Denn beim Einstieg in solche „erscheinenden Wahrnehmbarkeiten" erfolgt immer eine Verbindung zum Selbst, was notwendig in tiefere Schichten des Bewusstseins führt und so eine Ich-Lösung von allen vordergründigen, naiven unreflektierten Horizontalgebundenheiten ermöglicht. In seiner Phantasie ist der Mensch genau wie im Traum, bei Visionen oder transzendenten Einbrüchen aus anderen Dimensionen immer in Bereichen des „Quantenbewusstseins". Das ermöglicht über das reale vordergründige Wahrnehmen hinaus die Erscheinlichkeit eines zweiten „Vordergrundes" zu erfassen, über den nun der Gesamteindruck eines sinnlich Vorgegebenen bestimmend seine wahre Bedeutung eröffnet. Über diese Zwischenschicht oder „Unschärferelation" im Bewusstsein ereignet sich das Wunder, dass in der Phantasie eine ganze Welt von Dingen, Personen und Geschehnissen entsteht, welche die Konkretheit des real Wahrnehmbaren hat, ohne jedoch sinnlich „wahrgenommen" zu sein. Diese anschauliche und konkrete Mannigfaltigkeit ist das Reich der erscheinenden Wahrnehmbarkeit aller Phantasien."[71]

Es ist eine Art „reflektierendes Weltinnewerden", worüber der Mensch seine äußeren Welterfahrungen über die Begrenzung seines objektiv realen Wahrnehmungshorizontes hinaus erweitert und im Verhältnis zu den dahinter wesenden subjektiven irrealen Wirklichkeiten verstehen und deuten kann. In der Phantasie erlebt der Mensch bereits eine „Verwandlung" seiner objektiven Welt in eine „transparente Innenwelt" über einen schonungslosen Abbau aller vordergründigen Ichverhaftungen, welche durch ständige Identifikationen mit einer konditionierten Außenwelt entstehen und das dahinterliegende Wesentliche immer verdecken. Nur über die Phantasie lösen sich die alles verblendenden Ichverhaftungen auf, und nur die Phantasie bewirkt eine „vorübergehende Verwandlung" im Menschen bis hin zur letzten ewigen Verwandlung, von der Paulus sagt: „Wir werden alle verwandelt werden", und das bedeutet: erst nach dieser Verwandlung wird der „Neue Adam" wiedergeboren werden, und die wahre Wirklichkeit wird offenbar.[72]

Denn alles, was der Mensch nur äußerlich sinnenhaft wahrnimmt, sind nur Abbilder des Seins und nicht dessen innerstes Wesen, weil alle sinnliche Wahrnehmung eine abgeleitete, oberflächliche und begrenzte ist. Darum kann auch das „Absolute" selbst so nie begriffen, sondern lediglich eine gewisse Vorstellung davon vermittelt werden. Denn *Phänomene erreichen uns maskiert im Gefüge von Zeit und Raum; sie stellen chiffrierte Botschaften dar, deren letzte*

[71] N. Hartmann: Ästhetik
[72] vgl.: 1 Kor 15,45

Bedeutung wir nicht eher verstehen, als bis wir herausgefunden haben, wie wir sie aus ihrer Zeit-Raum-Umhüllung herausschälen müssen[73]. Weil aber der Mensch die Welt nur als äußeres Schema oder Abbild erfährt, erlangt er fast immer nur eine Ahnung von der wesenhaften innersten Wahrheit.[74] *„Im Ganzen sind wir Geschöpfe, die „Dinge" sehen, und wir erfassen nur, was wir sehen, und sehen gewöhnlich nicht darüber hinaus. Es ist aber sehr wohl möglich, von der Welt eine andersartige Empfindung zu bekommen, wenn man eine andere Denk-Gewohnheit entwickeln würde: nämlich hinter der sichtbaren Wirklichkeit das Unsichtbare zu sehen – die Gewohnheit, die Oberfläche zu durchdringen, um durch die Dinge hindurch deren Ursprung zu erkennen"* (Lersch)

Horizontale und Vertikale

Diese beiden „Orientierungsrichtungen im menschlichen Bewusstsein", das horizontal-linear prozesshafte Denken und das vertikal-spirituelle Begreifen unterliegen den ständigen bewusstseins-verändernden Energieeinstrahlungen, jenen kreativen Impulsen, die über das „Quantenselbst aus den nichtlokalisierbaren Bereichen" in den Menschen einströmen. Die Natur als biologisch-physiologische Basis ist dabei lediglich die Vorgabe des Vitalgrundes als Träger instinktiver Triebe[75], wobei im Entwicklungsprozess des Menschen die Erziehung als Konditionierung und Prägung durch die Umwelt mitbestimmend eingreift. Das wird zum gesetzlich vorgegebenen Regelwerk, an dem wir Menschen uns orientieren. Im Gegensatz dazu ist wirkliche Kreativität die Erschaffung immer von etwas Neuem, eine Art „Einbruch", und erfolgt jeweils durch einen „Quantensprung", den wir in der Natur Mutation nennen, in der Erziehung als „Aha-Erlebnis" immer wieder erstaunt feststellen und im Bewusstsein als Höherpotenzierung, Transformation oder Erleuchtung bezeichnen. Das Auslösen solcher immanenten schöpferischen Kräfte ermöglicht das Zusammentreffen der Naturbasis mit der spirituellen „Quanten-Modalität", wobei zwar das Ego „scheinbar" agiert, in Wirklichkeit aber nur unter der Führung des Selbst „reagiert", was allerdings dem Ego fast nie bewusst ist.

Darum sollte die Wissenschaft endlich aufhören, den eigentlichen kreativen Prozess im Leben auf einfache erlernte Programme[76] zu reduzieren, denn es ist allein der Geist, der im menschlichen Bewusstsein „Quantensprünge" hervorrufen kann. Denn alle echten „Verwandlungen" im Leben sind Anzei-

---

[73] A. Bailey, a.a.O.
[74] Aurobindo: „Synthese des Yoga"
[75] Philipp Lersch / Aufbau der Person / Im Schichtenmodell von Lersch – die Triebkräfte. Oder der Vitalgrund.
[76] Dehaviorismus

chen von „Kreativität". Dabei muss man sich jedoch vergegenwärtigen, dass es unterschiedliche Arten von „Kreativität" gibt: eine äußere und eine innere. Die äußere bezieht sich auf reine Entdeckungen in der horizontalen Welt der Phänomene und versetzt den Menschen in die Lage, äußere Problem in einem neuen Zusammenhang zu sehen. Die innere Kreativität dagegen dient der Transformation der eigenen Lebenszusammenhänge, indem diese auf die vertikale Bewusstseinsschiene projiziert werden. Das allein versetzt den Menschen über einen „Quantensprung" in die Lage, aus fest konditionierten Verhaltensmustern auszubrechen und ein „Erwachen" herausbilden, das den Menschen in eine höhere Bewusstseinsdimension versetzt. Diese Transformation macht alles „neu", was neu werden muss in uns.

Das Ziel im Leben eines Ich muss es daher sein, sich mit dem „Selbst" zu vereinen, um darüber zum   erweiterten Bewusstsein, dem supramentalen Bewusstsein, zu „erwachen", weil es dabei um das „Aufschließen neuer Bewusstseinsräume" durch eine Höherpotenzierung des Bewusstseins geht. Nur die Verschmelzung von Ich und Seele zu einer Einheit ermöglicht es, die Verbindung mit dem spirituellen Zentrum wiederzufinden. Über diesen Zusammenschluss von Horizontal- und Vertikalbewusstsein im supramentalen Quantenbewusstsein werden dann beide Bewusstseinsbereiche nicht mehr getrennt erlebt, und das gibt dem Ich die Möglichkeit, seine Motivationen und Handlungen auch auf das „Selbst" (Seele) hin transparent zu machen.[77] Bisher empfinden die meisten Menschen beide Bewusstseinsrichtungen eher als getrennte, weil das Ich-Bewusstsein fast nur ein auf das Außen gerichtetes Suchen und Tasten ist. Die meisten Menschen sind so sehr in die Illusion der Getrenntheit verstrickt, dass sie nicht die Kraft finden, den Weg der Wahrheit für sich selbst zu entdecken und sich dem Transzendenten zuzuwenden, um es zu verstehen. Das Erwachen des kosmischen Bewusstseins wird im Menschen eine direkte Verwendung eines „sechsten Sinnes" freisetzen[78], der zu etwas völlig Normalem werden wird. Das hat dann wiederum zur Folge, dass man auch alle inneren Bewusstseinsaktivitäten anderer Menschen gewahren wird und mit ihnen kommunizieren kann, und zwar ganz gleich, ob physisch nahe oder fern. Denn eine grundlegende Auswirkung des neuen Bewusstseins wird das „Universalwerden des individuellen Bewusstseins" sein. Von da an werden alle im Außen wahrgenommenen Phänomene ihre Unvollständigkeit und Abgetrenntheit vom inneren Zusammenhang verlieren, und man wird erkennen, dass alles unter einem universalen Gesetz steht und das Ganze eine ungestörte harmonische Manifestation des Geistes ist.

---

[77] Aus: „Nachrichten vom Sirius" S.93
[78] Aurobindo bezeichnet diese Wahrnehmungsfähigkeit als „sechsten Sinn."

Vorderhand werden die Menschen noch zu sehr von den sekundär-horizontalen Prozessen in Beschlag genommen, sodass sie vor lauter Aktionismus kaum dazu kommen, sich ihres „Quanten-Selbst" (Seele) bewusst zu werden. Zuweilen im kurzen Moment eines „Aha-Erlebnisses" erfährt der Mensch ohne zeitlichen Verzug im Augenblick die „Quanten-Modalität" unmittelbar als sogenannten „Geistesblitz". Dabei tritt an die Stelle persönlicher Motive der Ego-Ebene eine innere Kreativität, die zur Selbsterforschung anleitet und unterschiedliche Stufen der Erkenntnis verdeutlicht: So erlebt z.B. ein Mensch auf der psychischen Zwischenebene erste „nichtlokale, parapsychologische und mystische Erfahrungen" und tiefere Einblicke in seine Innenwelt oder auf der transpersonalen Zwischenebene den Beginn der Fähigkeit, Zeuge innerer Prozesse zu werden. Auf der spirituellen Ebene erfährt man erste Ansätze zur Identität mit dem eigenen Selbst, „Samadhi", und auf einer vierten Ebene erfährt man das Erleben von „Atman"[79]. Das Erreichen der beiden letzteren Ebenen ist immer mit Schwierigkeiten hinsichtlich äußerer sozialer Lebenszusammenhänge verbunden, weil „ein solcher Mensch der Welt abhanden gekommen ist." (Rückert). Denn im Quantenbewusstsein gibt es genau wie im Traum weder Prozess noch Zeit als Träger für Handeln und Gestalten, sondern nur die Phantasie, die in spontaner Gestaltung pur ins Erscheinen eines immanenten „nichtlokalen" Zustandes tritt, der sich zwar auch ständig ändern und verwandeln kann, aber nicht als Folge von Vorstellungen, sondern in einer Art „spontaner Schöpfung", die sich als Gedanken in Bildern zeitlos verwirklicht.

Intuition / Meditation

I. Intuition

Die Definition des Begriffs „Intuition" kommt aus dem Lateinischen, und zwar von „intueri": auf etwas schauen, in etwas hineinschauen, über etwas nachsinnen. In der Sprache des Lexikon: Unmittelbares Gewahrwerden eines Sachverhaltes in seinem Wesen, ohne dass eine bewusste Reflexion darauf hingeführt hat, was auf alles Wahrnehmbare anwendbar ist. Intuitionen umfassen verschwommene Ahnungen und Gefühle ebenso wie grundlegende wissenschaftliche Entdeckungen oder göttliche Offenbarungen. Dabei werden Intuitionen wie ein „Blitz aus heiterem Himmel" erfahren. Obwohl man sich dabei des Eindrucks nicht erwehren kann, dass Intuition und Rationalität rivalisierende Phänomene zu sein scheinen, so ergänzen sie sich in Wahrheit, denn Intuitionen sind quasi die Voraussetzungen jeder Erkenntnis und damit der

---

[79] Atman: Begriff aus dem Sanskrit – das höhere kosmische Selbst – das Schöpferische

wesentlichere Teil rationalen Denkens. Denn die meisten Menschen assoziieren den plötzlichen „Einfall" – *Heureka, oder Aha-Erlebnis* – mit einer Intuition, die so zum ersten Schritt auf dem Weg zu einer Erkenntnis wird. Denn Vieles von dem, was die Intuition leistet, kann allein von der Vernunft nicht vollbracht werden, die nur mit dem arbeiten kann, was über die Intuition dem Verstand zum gegebenen Zeitpunkt voll bewusst geworden ist. Intuitionen haben darum immer etwas Überraschendes an sich, wobei das Überraschendste an solchen Situationen ist, dass wir unserer Sache ohne erkennbaren Grund so sicher sind. Es ist etwas Unerwartetes, was sofort in ein Erkennen der Selbstverständlichkeit umschlägt; so nach dem Motto: „*Aha, – aber natürlich – warum habe ich das nicht schon längst gewusst.*" Dabei ist jede typische intuitive Erfahrung immer von dem Gefühl begleitet, Empfangender und nicht Initiator der Intuition zu sein. Denn Intuitionen kann man nicht selbst „erzeugen", sondern sie kommen unerwartet von innen heraus und doch genau im richtigen Moment; sie kommen von einem unnennbaren Anderen: wir „produzieren" sie quasi und sind Intuitionen gleichzeitig „empfangend ausgeliefert".

„*Vernunft ist die langsamere und mühselige Methode mittels derer jene, welche die Wahrheit nicht kennen, sie nur entdecken können. Die Intuition unterliegt indessen diesen Beschränkungen nicht; sie ist das Produkt der Fähigkeit des Geistes, viele Dinge gleichzeitig zu tun, ohne sich dessen sofort bewusst zu sein*".[80]

Über das „Erwachen des supramentalen Bewusstseins" wird im Menschen dieser „sechste Sinn", die Intuition, freigesetzt, die in Zukunft der Menschheit zu einer völlig normalen Wahrnehmung werden wird. Die Menschen werden darüber die Bewusstseinsaktivitäten anderer Menschen gewahren und mit ihnen „telepathisch" kommunizieren[81] können, und zwar ganz gleich, ob physisch nahe oder fern; denn von da an werden alle im Außen wahrgenommenen Phänomene ihre Unvollständigkeit und Abgetrenntheit vom inneren Zusammenhang verlieren, und man wird erkennen, dass alles unter einem universalen Gesetz steht und das Ganze eine ungestörte harmonische Manifestation des Geistes ist. Aurobindo bezeichnet diese intuitive Wahrnehmungsfähigkeit als „sechsten Sinn", der das einzig wahre Sinnesorgan sei. „*Alle anderen Sinne sind nichts als „äußere Behelfe", die aber unser Bewusstsein von sich abhängig gemacht haben, indem sie für unser Bewusstsein zu einem ausschließlichen Übertragungsorgan wurden und es so beschränkten.*"

Dieser unmittelbare Zugang zur Wahrheit wird in Zukunft die letztendliche Bestimmung für alle Menschen sein, und es ist sehr wahrscheinlich, dass un-

[80] Pascal
[81] Anonymos; „Telepathie – Kommunikation der Zukunft"

ser heutiges Denkvermögen eines Tages ebenso unterhalb der „Bewusstseins-schwelle „liegen wird, wie es heute bei den Menschen die Instinkten sind. Der Mensch wird dann im Reich der Intuition wirken und in Begriffen der Intuition sich mit ebenso großer Leichtigkeit ausdrücken wie jetzt in Begriffen des Denk-vermögens. Gegenwärtig sind wir *Geschöpfe, die „Dinge" sehen, weil wir nur das erfassen, was wir sehen, und sehen gewöhnlich nicht darüber hinaus. Die Welt als bloße Welt von Dingen zu erleben, heißt zweifellos, etwas Bedeutungsvolles zu ver-säumen.*[82], nämlich die Möglichkeit hinter der sichtbaren Wirklichkeit das Un-sichtbare zu erfassen und die Oberfläche zu durchdringen, um durch die Dinge hindurch deren Ursprung zu erkennen. Denn nur durch die Intuition gelangt der Mensch zur Erfahrung des Reiches Gottes, entdeckt das Wesen aller äuße-ren Erscheinungen und erfährt darüber einiges von den Plänen und Zielen, die sich in den manifesten Schöpfungswelten verwirklichen, wodurch dem Men-schen gezeigt wird, wie er selbst an diesem Schöpfungswerk mitwirken kann. Hildegard v. Bingen spricht in diesem Zusammenhang von der *„Verantwortung der Menschen für die gesamte Schöpfung."* So steht die Intuition in der langen menschlichen Bewusstseinsentwicklung von Instinkt und Intelligenz am Ende, so dass wir die interessante Dreiheit vor uns haben: – Instinkt, Intellekt, Intuiti-on – wobei der Instinkt gegenwärtig unter die Bewusstseinsschwelle gesunken ist, der Intellekt den ersten Platz in der Erkenntnis des Durchschnittsmenschen einnimmt und die Intuition über diesen beiden liegt; sie macht ihre Gegenwart nur gelegentlich in plötzlichen Erleuchtungen und im unmittelbaren Erfassen einer Wahrheit bemerkbar.

Noch hält das gegenwärtige Denken im Gegensatz zur Intuition den Menschen auf der Mentalebene gefangen und umgibt ihn mit den von ihm selbst erschaf-fenen Gedankenformen, wobei dieses konditionierte Denken den „Überstieg" meistens in die höheren Bereiche des Gewahrseins versperrt. Die Intuition ist aber die alleinige Quelle jener Evidenz, die dem Menschen in fortschreitendem Maß das Geheimnis der Welt enthüllt, weil nur vermittels der Intuition die Transzendenz und die Immanenz Gottes nacheinander verständlich werden. Denn die Intuition ist der Zugang zum Quantenbewusstsein, das es ermög-licht, nicht nur die Vorgänge der Natur in ihrem göttlichen Ausdruck zu be-greifen, sondern auch die diesen Vorgängen zugrunde liegenden Ursachen zu entdecken und zu verstehen.

„Eine Intuition ist ein Gedanke, der in ätherische Substanz eingekleidet ist, und in dem Augenblick, da ein Mensch für solche Ideen empfänglich wird, beginnt, sich die Methoden der Beherrschung der Äthersubstanz anzueignen. Es ist in Wirklich-

---

[82] Goldberg, Philip; „Die Kraft der Intuition", S.18

keit ein Aspekt des großen Schöpfungsvorganges: Ideen, die von den „buddhischen Daseinsebenen" ausgehen, um sich in die abstrakten und konkreten Bereiche der Mentalebene einzukleiden, um letztendlich – wenn Intuitionen überhaupt so lange am Leben bleiben – „Gestalt" anzunehmen. Nur Ideen, die von den intuitiven Ebenen des „buddhischen" Bewusstseins kommen, sind wahre Ideen und werden nur von Menschen empfangen, die in ihrer „geistigen Ausrüstung" Substanz derselben Art besitzen, weil die „magnetische Anziehung" zwischen dem Menschen und der Idee deren Wahrnehmung ermöglicht. Denn nur so kann auch der Mensch im großen Schöpfungsvorgang einer Idee Form und Ausdruck verleihen".[83]

Dieser „Sechste Sinn" ist in Wirklichkeit das wichtigste Instrument, um unser Bewusstsein über das Mental hinaus ins Supramentale zu führen. Denn dieses Supramental gehört genau wie unser jetziges Bewusstsein auch ins Sein und ist eine Manifestation des unendlichen Geistes, der ein innerstes Wissen seiner selbst besitzt und in seiner transzendenten Schau universell und total ist. Zwar kann unser Bewusstsein dieses Unendliche widerspiegeln, kann aber selbst nicht unmittelbar das vollkommene Instrument des unendlichen Geistes sein. Denn alles, was es wahrnimmt, sind mentale Abbilder unseres Seins und nicht dessen innerstes Wesen, weil alle mentale Wahrnehmung eine abgeleitete, oberflächliche und begrenzte ist. Darum kann das Absolute darüber allein nie begriffen werden, sondern man kann davon nur eine gewisse Vorstellung erlangen. Denn über die äußeren Sinne erfährt man das Universum nur als äußeres Schema oder Abbild und bekommt nur eine Ahnung von der wesenhaften innersten Wahrheit."[84]

Intuition kann man als ein unmittelbares Erfassen von Wahrheit definieren, das unabhängig von der Vernunft und Denktätigkeit erfolgt. Es ist das plötzliche Auftauchen einer vorher nie gewahrten Wahrheit im Bewusstsein, als ein direkter „Einfall" aus dem Allbewusstsein in das Denkvermögen hinein, was sofort als unfehlbar evident erkannt wird und keinerlei Fragen erweckt. „Instinkt und auch Intuition beginnen „räumlich" gesprochen in den außerhalb unseres Bewusstseins gelegenen Bereichen unseres Selbst und entstehen vollkommen im Geheimen. Sie kommen aber gleichzeitig in unerwarteter Weise im Tagesbewusstsein zum Vorschein, wobei ihr Eintritt in unser Bewusstsein vollständig und plötzlich erfolgt".[85] Denn die Intuition ist die direkte Assimilation einer Erkenntniskraft mit ihrem Objekt und eine unmittelbare „Mitteilung" ohne gegenständliche Zwischenvermittlung; sie ist der einzige Akt, durch den die Erkenntniskraft sich selbst formt, und zwar nicht nach der abstrakten Ähnlichkeit des Gegenstandes, sondern nach diesem selbst.

[83] Goldberg, Phillip Die Kraft der Intuition
[84] Aurobindo, „Synthese des Yoga"
[85] Goldberg, a.a.O

„Intuition ist ein außerhalb des Bewusstseins liegender Mentalprozess, dessen wir von Zeit zu Zeit dunkel gewahr werden. Intuitive Inspiration und instinktive Energie werden zuletzt im vollständigen Selbst, das schließlich eine einzige Persönlichkeit bildet, unterworfen und geeint." (Pater Maréchal)

Insofern ist die Intuition eine Art vermittelndes Vorstadium des erst danach einsetzenden Denkens und Erfahrens. Intuitionen sind Eingebungen, die zuerst vom Ätherkörper empfangen werden und über eine Art Modul im Gehirn zur Vorstellung „moduliert" werden. Es handelt sich dabei immer um Eingebungen aus höheren Dimensionen. Die Aufgabe des Menschen ist daher, Intuitionen in den gesamten Kontext des Lebens einzuordnen und dann sichtbar in Taten umzusetzen. Und das erfolgt dann über die Phantasie, die direkt mit dem Ätherkörper fusioniert, um als bildhafte Erscheinlichkeit sich im Gehirn wie auf einer Matrize sichtbar auszugestalten. Physiologischen Untersuchungen zufolge sollen Intuitionen durch eine Kombination von niedrigem Reizzustand der Nerven und hoher Wachsamkeit begünstigt werden. Dabei leitet ein mit Gehirnwellen kohärentes Nervensystem Informationen ohne elektrischen Widerstand weiter. So wie die Holographie von der Kohärenz des Laserstrahls abhängt, könnten danach Intuitionen auch von der Kohärenz des Nervensystems mitbestimmt werden, was wiederum zu tieferen Bewusstseinsebenen und bis zu dem allem zugrundeliegenden reinen Bewusstsein, dem Selbst führe. Dabei wird jede tiefere Ebene universaler, ist weniger durch Raum und Zeit begrenzt und steht so der Wahrheit näher, so dass man postulieren kann, dass die Qualität der Intuition proportional zur Tiefe derjenigen Bewusstseinsschichten ist, welche sie dem Bewusstsein eröffnet. *„Wir haben nur diese Möglichkeit, uns zu verändern, entweder in Richtung der weiteren Bewusstseinsentwicklung oder in Richtung einer Bewusstseinstrübung. Nur wenn unser Körper-Geist-Komplex zum Supraleiter*[86] *für kosmische Energie (Quantenenergie) wird, sind wir im Zustand von Harmonie, denn hier auf Erden kann der Mensch selbst entweder ein immer besserer Supraleiter werden oder aber seine Leitung immer mehr verstopfen."*

Jeder Mensch hat im Prinzip Zugang zu dieser Art „spiritueller Interferenzmuster", und es erscheint einleuchtend, dass nur darüber die Intuitionen erfolgen, da diese Muster aus Frequenzen bestehen. Da nun jeder Gedanke oder jede Idee selber bestimmte Frequenzmuster erzeugt, erfolgen intuitive Übertragungen bei durchaus unterschiedlicher Aufnahmebereitschaft durch eine Art Resonanzwirkung gleicher Frequenzen, die im Gehirn fokussiert werden, wodurch eine morphogenetische Resonanz über ein subatomares Netzwerk dynamischer Strukturen von Energiefeldern entsteht. Denn in der subatomaren Sphäre sind Substanz und Geist verbunden. *„Diese subatomaren Teilchen sind*

---

[86] technischer Ausdruck für Stromleiter, die dem Strom keinen Widerstand entgegensetzen

dynamische Strukturen, die nicht als isolierte Einheiten existieren, sondern als integrierte Teile eines unauflöslichen Netzwerks von Wechselbeziehungen."[87] Für Teilhard de Chardin ist es die „*Noossphäre*",[88] jene nächste Stufe in der Bewusstseinsentwicklung: das Quantenbewusstsein. Darum lassen diese subatomaren Organisationsfelder es auch plausibel erscheinen, dass das Bewusstsein darüber Zugang zu ungewöhnlichen Informationsquellen hat und über Intuitionen diese spirituellen Quellen anzapfen kann, die reinen Sinneswahrnehmungen nicht zur Verfügung stehen. Gedanken, Ideen oder Vorstellungen werden dabei nicht als Eindrücke im Nervensystem gespeichert, sondern werden durch morphogenetische Resonanz direkt aus eigenen, latenten und angeborenen Dispositionen wie vorgefertigte Muster vom Gedächtnis übernommen.[89] Das bedeutet, dass intuitives Erfassen von Ideen laut Platon[90] die reale Grundlage von Erkenntnissen ist, die nicht durch normale Sinneswahrnehmungen oder durch die Vernunft herbeigeführt und erzeugt werden können.

So kann sich zwar die höchste Intelligenz bis zu Abstraktionen mathematischer Formeln versteigen, sie bleibt aber letztendlich immer im Phänomenalen irdischer Gesetze stecken. Das Supramentale sowie die Intuitionen hingegen sind durch kein irdisches System mehr gebunden. Das „Quantenbewusstsein" sieht darum Form und Wirken nicht mehr als alleinige Schlussfolgerung intellektueller horizontaler Überlegungen an, sondern unmittelbar als das primäre „Wesen eines Wahrgenommenen". Und das ist ein Offenbarwerden als Erkenntnisform im Gegensatz zur mentalen Intelligenz oder logischer Schlussfolgerung. Es ist nämlich die Vereinigung wesenhafter Ideen mit dem konditionierten mentalen Denken im supramentalen Bewusstsein. Schon Platon und viele Philosophen nach ihm wiesen daraufhin, dass es jenseits verstandesmäßiger Sinneswahrnehmungen noch höhere, intuitive Formen der Erkenntnis gibt. Selbst alle Entdeckungen der Naturgesetze werden nur über Intuition gemacht, d.h. gefunden. Denn es gibt keine logischen Pfade zu diesen Gesetzen und nur die Intuition kann auf der Grundlage einfühlsamen Begreifens der Erfahrung zu ihnen führen. Formale Beweise sind lediglich Instrumente einer nachträglichen Verifizierung, aber niemals der initiierende Faktor. Darum müssen wir lernen, die verworrenen und sich gegenseitig beeinflussenden Beziehungen zwischen Intuition und Rationalität neu zu überdenken. Allein über Intuitionen ist es

---

[87] Opitz, Christian / Unbegrenzte Lebenskraft, S. 36): Supraleiter; Frithjof Capra, „Das Tao der Physik": „Die subatomaren Teilchen sind dynamische Strukturen, die nicht als isolierte Einheiten existieren, sondern als integrierte Teile eines unauflöslichen Netzwerks von Wechselbeziehungen." Für Teilhard de Chardin ist es die Noosphäre, die aus Partikeln des menschlichen Bewusstseins zusammengesetzt sei.

[88] Die Noosphäre ist also die nächste Stufe im menschlichen Evolutionsprozess nach der Anthroposphäre, der Biosphäre, der Hydrosphäre, der Atmosphäre und der Lithosphäre. Es die Sphäre der synchronisierten Gedanken und bezieht sich das griechische Wort Noos: Einheit von Geist, Intellekt und Herzen.

[89] R. Sheldrake: „Formatives Kausalprinzip"

[90] Platon: Ideenlehre

den Menschen möglich, einen ersten Schritt in die richtige Richtung zu tun, denn eine wachsende Bereitschaft für intuitive Eingaben besitzt die besten Aussichten das zu entdecken, was die inneren verborgenen Kräfte beabsichtigen, und nur so kann das heute so festgefahrene Modell einer rein mechanistischen, naturwissenschaftlichen Auffassung überwunden werden. Man muss sich trotz dieses hemmenden Widerstandes jener „objektive Beweise" fordernder Wissenschaftler auf das Risiko einlassen objektiv-wissenschaftlich ungesicherte Hypothesen anerkennen.

Denn bei allen Intuitionen wird der so Erkennende selbst zum wahrnehmenden Zeugen, der das Erkannte als etwas erlebt, das er immer schon in sich trug. Ihm wird im Augenblick offenbar, dass die gesamte Schöpfung eine determinierte Darstellung der ewigen Wahrheit ist. Patanjali spricht in diesem Zusammenhang von der „Fähigkeit des Geistes", in *Transzendenz versunken zu sein und gleichzeitig bewusst zu denken"*. Das klingt wie ein Widerspruch, da „Transzendenz" undifferenzierte Einheit und Bewusstsein ohne Denken zu sein scheint. Aber auf dieser erweiterten Bewusstseinsebene des Supramentalen, im „Quantenbewusstsein", begegnet das unwandelbare Absolute dem flüchtigen Relativen, und das ist der Zustand jener „innerlichen Vertrautheit" intuitiver Erfahrung, jenes Gefühl, in das Objekt des Erkennens einzudringen und dessen Wesensgehalt zu erfassen.

Goldberg listet in seiner Schrift „Die Kraft der Intuition" verschiedene Formen von Intuitionen auf, deren höchste Form er als „Erleuchtung" bezeichnet. Diese transzendiert alle anderen Formen der Intuition, weil sie Transzendenz an sich ist, wobei es keine Trennung mehr zwischen Erkennendem und Erkannten gibt. Entscheidend ist dabei, dass die erfahrene Transzendenz selbst eine transformierende Wirkung auf das Bewusstsein ausübt, weil dadurch alle kognitiven Fähigkeiten erweitert und neue intuitive Kanäle geöffnet werden. Erleuchtung oder Evidenz widerfährt einem Menschen, und man kann sie genau wie Intuitionen niemals willentlich herbeiführen. Von Mystikern wurde sie als Gnade oder als ein göttliches Geschenk beschrieben. Obgleich von einem Wahrheitssuchenden auf dem inneren spirituellen Weg strengste Disziplin verlangt wird, erreicht ihn die Erleuchtung selbst mühelos und spontan – sie geschieht einfach. Und wie wir von der Praxis der Meditation wissen, erfolgt ein transzendenter Zustand, eine meditative Kontemplation immer nur bei geringster Körperanspannung und ist nicht willentlich herbeizuführen, sondern wird im Gegenteil durch bewusste Willensimpulse oder bewusste Kontrollfunktionen eher verhindert. Man kann aber immer davon ausgehen, *dass ein Betender in der Meditation beträchtliche Fortschritte hinsichtlich seiner Empfangbereitschaft für intuitive Eingaben macht.*

2. Meditation und Transformation

Zu den Methoden, jene innere „Kreativität" zu wecken, gehört vornehmlich die Meditation. Sie ist der praktische Versuch, eine Selbstidentität jenseits des Ego zu finden. Es ist zwar ein Paradoxon, das Ego selbst einzusetzen, um über das Ego hinauszukommen, aber unser Ego ist nicht das Selbst, sondern nur eine vom Menschen eingesetzte temporäre Identität des Selbst. Daher ist es durchaus berechtigt, wenn wir in der Meditation versuchen, unser Sein mehr zur „Quanten-Modalität"[91] hin zu gewichten. Allerdings werden wir dabei erkennen müssen, dass wir Quantensprünge nicht durch konditionierte Manöver oder methodische Praktiken erzwingen können. Immerhin sind diese Methoden erste löbliche Versuche, einen schmalen Zwischenraum zwischen unserer Ego-Identifikation und der Quanten-Modalität entstehen zu lassen, nämlich jenes „Dazwischen" der „Unschärferelation" zu schaffen, das eine Verschiebung von unserer persönlichen Ego-Ebene zur Buddhi-Ebene hin ermöglicht. Das kann zu jener Transformation verhelfen, die wir als Befreiung erleben.[92]

Da jedoch die meisten Menschen wegen der überwiegenden Gebundenheiten in „sekundären Horizontalprozessen" gefangen sind, fällt es ihnen sehr schwer, sich bewusst in den Zustand des „Quantenselbst" zu begeben und vor allem sich in diesem Zustand zu halten. Viele Meditationstechniken sind in der Tat Angebote, diese alltägliche „Verzugszeit" zwischen primären und sekundären Prozessen zu eliminieren und sich in direkte Verbindung mit dem Selbst und den geistigen Zuständen zu bringen, denn offenkundig verringert[93] die Meditation diese Verzugszeit. „Verzugszeit ist offenkundlich die Zeitverzögerung, die mit der sekundären Selbstbeobachtung auftritt, die alle unsere Ego-Erfahrungen von Bewusstsein kontinuierlich erscheinen lässt. Erst mit dem Kollaps der Quanten-Wellenfunktion teilt sich das normalen Bewusstsein in Subjekt und Objekt und lässt uns die Diskontinuität von Raum und Zeit erkennen". Und das ist das Erkennen von Maya: alles ist Illusion."

Auch die Quantentheorie sieht in der Meditation eine Möglichkeit, einen erreichten „Quanten-Zustand" festzuhalten, so dass dieser nicht sofort zusammenbricht, sondern sich mit der Zeit entsprechend der Situationsdynamik weiterentwickeln lässt. Es ist darum wichtig, sich von der Konditionierung des Ego, unserer angenommenen Persönlichkeit allein nicht mehr beherrschen zu lassen. Je höher wir uns entwickeln, desto freier werden wir vom Ego, bis es

---

[91] Quanten-Modalität ist die primäre Seinsweise des Selbst als ein über das Ego hinausreichendes Subjekt, dem wirkliche Freiheit, Kreativität und Nichtlokalität innewohnt.
[92] Goswami a.a.O.
[93] Goswami S.245

auf dem höchsten Niveau überhaupt keine unterscheidbare Identität des Ego mehr gibt. Jenseits vom Ego zu sein, es hinter sich gelassen zu haben, sind Ebenen, deren Merkmal eine tiefe Demut ist. Diese Bewusstseinsebene ist dadurch gekennzeichnet, dass an die Stelle persönlicher Ego-Motive innere Kreativität, Selbst-Erforschung und Selbst-Verwirklichung getreten sind. Auf dieser Ebene reiner Primärprozesse werden wir zu Zeugen von rein mentalen Phänomenen, und es gibt keine störenden sekundären Einflüsse mehr, die auf Grund konditionierter Reaktionsmuster von Gedanken und Gefühlen im Bewusstsein auftauchen. Denn die Meditation sorgt für eine Unterbrechung zwischen den aufkommenden mentalen Reaktionen und dem Drang, auf diese Phänomene psychisch zu reagieren, und erweitert zugleich die Fähigkeiten, aus freiem Willen heraus zu konditioniertem Handeln und sekundären Bestrebungen „Nein" sagen zu können. Solche Zustände ermöglichen es einem Ich nachträglich, seine eigenen Reflexionen im Spiegel des Gedächtnisses zu sehen – allerdings stets nur wieder mit zeitlicher Verzögerung. *„Das erstrebte Ziel der Meditation besteht darin, den Menschen zu befähigen, in seiner äußeren Manifestation das zu werden, was er in innerer Wirklichkeit ist, und ihn zu veranlassen, sich mit seinem „inneren" Aspekt und nicht bloß mit seinen äußeren, niederen Charakter-Eigentümlichkeiten zu identifizieren.*[94]

Ziel jeder Meditation ist es primär, die Unbeständigkeit der schnell *„verfliegenden und sensitiv reagierenden mentalen Substanz"* durch verlängerte Meditationen in einen stabilen Zustand zu bringen. Dies führt zu einem Denkzustand, der den „inneren Denker" für Schwingungen und Kontakte aus der äußeren, emotionalen Erscheinungswelt und aus der Welt der Emotionen unempfänglich macht. Dadurch werden der Sinnenapparat, das Gehirn und das weitverzweigte ineinandergreifende Netzwerk des Nervensystems vorübergehend in einen quasi „passiven Schlafzustand" versetzt, wodurch die Welt, in welcher der Mensch für gewöhnlich funktioniert, ausgeschaltet wird; und doch bewahrt er gleichzeitig eine intensive „mentale Aufmerksamkeit und Wachheit" und behält eine scharfe Einstellung auf jene neue Welt bei, in der das, was wir Seele nennen, lebt und wirkt. Er lernt, mental hellwach zu sein und Phänomene, Vibrationen und Seinszustände wahrzunehmen. Meditation ist insofern auch ein Vorgang der „Entschleierung des Selbst" durch Reduzierung der Formseite des Lebens, deren verschiedene „Hüllen" das Selbst nur verdecken und verbergen. Positiv gesehen kann dieser Vorgang sowohl als Transmutation (Umwandlung) wie auch als Transferierung (Übertragung) des Bewusstseins bezeichnet werden. Transmutation ist die Änderung und Umleitung der Energien des Denkvermögens, der Gefühle und der physischen

---

[94] Alice Bailey , a.a.O.

Natur, so dass sie der Offenbarung des wirklichen Selbst und nicht bloß zur Offenbarung der psychischen und körperlichen Natur dienen.

Dafür erfordert die Meditation eine intensivste Bewusstseinskonzentration sowie eine innere Einstellung, die weder negativ noch positiv, sondern das genaue Gleichgewicht zwischen beiden ist. In den östlichen Schriften wird ein Mensch, der meditiert, wie folgt, beschrieben: *„Im Maha Yogi, dem großen Asketen, konzentrieren sich höchste Vollkommenheit, strengste Buße und abstrakte Meditation, durch welche die grenzenlosesten Kräfte erlangt, Wunder bewirkt, höchstes geistiges Wissen und schließlich die Vereinigung mit dem großen Geist des Universums erreicht wird."* Allerdings wird wahre Meditation für verschiedene Völker und Menschentypen immer auch unterschiedlich praktiziert und sollte darum auch der persönlichen Mentalität eines Menschen entsprechen. Denn eine spirituelle Entwicklung kann nur schrittweise über verschiedene Yoga-Formen gehen: Karma-Yoga (Handeln) – Bhakti-Yoga (Liebe) – Jnana-Yoga (Weisheit)[95]. Allerdings hängt jeder dieser Wege immer davon ab, inwieweit sich ein Mensch selbst des Weges auch bewusst ist. In diesem Zusammenhang vermerkt Bailey, dass gewisse Yoga-Praktiken, die Atemübungen mit Meditation koppeln und verschiedene Körperhaltungen lehren, auch große Risiken und Gefahren beinhalten, weil solche Schulen und Methoden ihren Schülern beibringen, ihre Aufmerksamkeit allein auf physische Organe oder Zentren (Kundalini) zu richten, denn abgesehen von den damit verbundenen körperlichen Schädigungen und dem Risiko von Nervenzerrüttung beschäftigt man sich zu sehr mit der Perfektion ritualer Formen, die letztendlich immer Begrenzung bedeuten und nichts mit dem Geist, der allein Leben ist, zu tun hat.[96] Das Ziel, zum „Quantenbewusstsein" zu erwachen wird allerdings auf diese Weise allein nicht erreicht werden.

Ferner bleibt auch weiterhin das Problem bestehen, diese neue „Realität" zu begreifen, weil es schwierig ist, diese „nicht-relative Realität" mit relativen Begriffe zu definieren. Denn diese Art „Begreifens" widerfährt einem nur über die Evidenz als „Geschenk" und nicht durch Yoga-Übungen als Ergebnis dieser Bemühungen.[97] Das Paradoxon besteht dabei darin: Um aus der Ego-Ebene auszubrechen, muss man zuerst alle Ego-Verhaftungen erkennen und auflösen. Der Jnana-Yoga geht über das Erkennen, wobei es zum einen um die höchste Konzentrationsfähigkeit und zum anderen um die Stärkung der Bewusstheit

---

[95] Die traditionellen Wege der Meditationspraktiken
[96] Dafür ist der Lebensbericht des Yogi Theo Bernhard ein klassisches Beispiel, der alle Asanas des Hatha-Yoga in Vollendung beherrschte und doch schließlich feststellen musste: „Wie man durch Erlernen des Alphabetes und durch Übung alle Wissenschaften meistern kann, so erlangt man aber nicht die Erkenntnis der Wahrheit, die ein ewiges Geheimnis bleibt. Theos Bernhard „Hatha Yoga / Ein Erfahrungsbericht
[97] F. Merrell-Wolff: „Das Wesen eines Stoffes ist umgekehrt proportional zu seiner Fassbarkeit."

selbst geht. Der Unterschied zwischen den beiden Aspekten in der Jnana-Meditation (Konzentration und Bewusstheit) wird verständlich, wenn wir die „Unschärferelation" auf das Denken selbst anwenden. Denn beim Denken[98] über das Denken als Konzentration und Bewusstmachung wird entweder der einzelne Gedanke und der Gedankenfluss verwischt, oder die „Unschärfe" in den gedanklichen Assoziationen wird nach und nach geringer. Denn ist erst der Inhalt eines Gedankens weg, verschwindet auch die Verhaftung daran, und man wird in diesem Zustand zum neutralen Beobachter reiner Gedankenmuster. Dieser „Jnana-Weg über die Erkenntnis" birgt zweierlei in sich: Die Gefahr höchster Bewusstseinsverstiegenheit, weil in der Abgetrenntheit von der Liebe die Versuchung der Macht am größten ist – oder: Das höchste Gut der geschaffenen Welt, die alles durchdringende Erkenntnis wird der Liebe geopfert! Erst wenn sich die Erkenntnis vor der Liebe verneigt, gibt sich die Endlichkeit der Unendlichkeit hin und wird von ihr aufgenommen.

Kontemplation

Meditationstechniken können nur dann das Bewusstsein wirklich verändern, wenn diesen ein besonderer psychologischer Zustand vorausgeht und den meditativen Bewusstseinszustand vorbereitet, weil die Meditation selbst immer auch ein eigener Bewusstseinszustand bleibt.[99] Darum sollte einer echten Meditation immer eine wirklich spirituelle Konzentration vorausgehen. Diese vorbereitende Einstellung nannte man im Mittelalter „Kontemplation". Darin geht es nicht mehr nur darum, Eindrücke, die man empfängt, weiterzuleiten; sondern in der Kontemplation kommt ein höherer Wirkungsfaktor hinzu: Es ist quasi die Seele, die kontempliert. Das menschliche Bewusstsein stellt seine Tätigkeit ein und der Mensch wird mit seiner Seele vereint und so seines wesentlichen Einsseins mit der Gottheit bewusst. Das Höhere Selbst wird aktiv, und das niedere, oder persönliche Selbst ist vollkommen ruhig und still, während die wahre geistige Wesenheit in ihr eigenes Reich kommt und die Kontakte wahrnimmt, die von diesem geistigen Phänomenalreich ausstrahlen.

Kardinal Richelieu nannte die Kontemplation jenen Zustand, „*in dem der Mensch Gott sieht und erkennt, ohne die Vorstellungskraft zu benützen und ohne logische Folgerungen zu ziehen*"; und Tauler drückt dies wie folgt aus: „*Gott wünscht in den höheren Fähigkeiten im Gedächtnis, im Intellekt und im Willen zu verweilen und in diesen nach göttlicher Art und Weise zu wirken; denn das ist sein wahrer*

---

98 Goswami a.a.O.
99 Dass Meditation ein bewusster Zustand für sich ist, ergibt sich u.a. aus den Untersuchungen der EEG-Messungen von Gehirnwellen.

Aufenthaltsort, sein Tätigkeitsfeld; gerade da findet er sein Ebenbild. Hier müssen wir Ihn suchen, wenn wir Ihn auf dem kürzesten Wege zu finden wünschen. Dann wird der Geist hoch über allen Fähigkeiten in die Leere unendlicher Einsamkeit versetzt, von der kein Sterblicher in angemessenen Begriffen sprechen kann Wenn die Menschen dann wieder zu sich kommen, finden sie sich im Besitze eines ganz klaren Wissens über Dinge, das lichtvoller und vollkommener ist als das Wissen anderer".

Von allen Mystikern wurde die Kontemplation als ein psychischer Torweg beschrieben, der von einem Bewusstseinsstadium zum anderen führt. Jeremy Taylor nennt ihn den *„Übergang von intensiver Meditation zu jener Kontemplation, die zur Vision der Wunder Gottes kommt, wenn die menschliche Seele in das Reich göttlichen Lichtes eintritt".* Denn[100] *„Kontemplation ist vollkommener als logisches Denken, weil das logische Denken sich mit der Betrachtung eines Wortes, eines Lehrsatzes, eines Gespräches befasst, während in der Kontemplation die Seele spricht und man eher erleuchtet als überzeugt wird, sie sieht und erlebt eher, als dass sie untersucht. Allein Durch diesen Torweg der Vision geht der Mensch und erkennt sich als die Seele. Von dem überlegenen Standpunkt der Seele aus erkennt er sich als den Beobachter, der sowohl die Welt geistiger Wirklichkeiten als auch die Welt täglicher Erfahrung wahrnehmen kann; wenn er es wünscht, kann er in beide Richtungen blicken."*

Kontemplation wurde von Mystikern darum oft als *„die Pause zwischen zwei Aktivitäten"* erklärt. Während dieser „Pause" wird eine neue Erkenntnis und Seinsweise eingeführt. Dies ist vielleicht einer der einfachsten und praktischsten Wege, um Kontemplation zu verstehen. Es ist nämlich die Pause, in der die Seele tätig ist. Das physische Gehirn wird in Ruhe versetzt und darin beständig gehalten, indem alle Gefühls- oder Empfindungsregungen sowie die Registrierung von Informationen aus dem äußeren Wahrnehmungsgebiet nicht mehr zugelassen werden. Es geht dabei um Gedankenbeherrschung, die den Meditierenden befähigt, nicht nur klar zu denken, sondern auch nur das zu denken, was er denken will. Nur eine solche Meditation wird eine definitive Veränderung der Ausrichtung im Denken eines Menschen bewirken. Dabei wird schließlich ein Zustand erreicht, in dem der denkende Geist sich selbst das gedankliche „Umherschweifen"[101] abzugewöhnen scheint. Die größten Anfechtungen entstehen durch Hirngespinste; denn diese hängen nicht von unserem freien Willen ab, sondern tauchen unwillkürlich in unserem Bewusstsein als Vorstellungen, Wünsche oder Erinnerungen auf. Zumeist sind wir Sklaven sol-

---

[100] François Maleval
[101] „Das immerwährende Herzensgebet" nach Theophanos dem Eremiten: „Anfechtungen durch Hirngespinste" „von der Stufenleiter der Versuchung"

cher Vorstellungen. Sie drängen sich gewaltsam in unser Bewusstsein und stören unsere innere Sammlung. Und das bedeutet: sekundär bewusste Ereignisse sind zwar unterschwellig immer noch vorhanden, aber der primäre Prozess muss diese dominieren. Die störenden und verunreinigenden „schlammigen Bewusstseinsinhalte" bleiben zwar erhalten, aber als eine Art Bodensatz, der nur noch Gedankenmuster enthält. Mit anderen Worten: Diese Bewusstseinsinhalte bleiben dem Meditierenden zwar unterschwellig bewusst, finden aber keine störende Beachtung mehr. Anfänglich wird jedoch das Bewusstsein die intuitiven Eingaben noch verunreinigen, aber dieser Weg bleibt dennoch die einzige Möglichkeit, über die Intuition als Mittel des Übergangs das verborgene „Quantenbewusstsein" zu aktivieren. Denn dieses Supramental ist für den Menschen gegenwärtig noch keine Selbstverständlichkeit, sondern wirkt vorerst verborgen und muss erst *entdeckt werden, um effektiv werden zu können"*. Und es ist die Seele als Teil des absoluten Bewusstseins Gottes, welche über die intuitive Durchdringung jene Spiritualität aufschließt.

Ein wichtiges Indiz für den Zustand einer solchen Meditation ist eine Dominanz von Alpha-Wellen. Die Alphawellen erzeugen einen Zustand der Entspannung, der körperliche und geistige Verkrampfungen löst. Als weiterer Aspekt der Meditation ist das Erscheinen von Thetawellen auffällig. Thetawellen sind ein Indikator für die Verschiebung des Bewusstseins hin zu den primären Prozessen des Quantenmodus. So haben z.B. Kinder einen erhöhten Anteil an Thetawellen, die sich beim Älterwerden zu Gunsten einer Alpha-Dominanz im normalen Wachzustand zurückentwickeln. Beim Kind dominiert daher noch häufiger die Quantenmodalität, weil kaum Prozesse sekundärer Bewusstheit ablaufen. Etwas ganz ähnliches erfolgt auch in Mantram-Meditationen. Sie erzeugen eine Konzentration auf das Mantram und lenken dabei die Aufmerksamkeit von abschweifenden Gedanken ab. Denn unser Bewusstsein kann sich buchstäblich nicht auf zwei Dinge gleichzeitig konzentrieren. Hier wird das Sosein (ohne Einmischung des Eigenwillens und der Leidenschaften) zur Erfahrung, das uns einen Einblick in das primäre Bewusstsein gibt, welches jenseits des sekundären Ego-Denkens liegt. Denn Bewusstsein gibt es sehr wohl auch über das Denken des Ego hinaus. Sowohl in der Konzentrations- als auch in der Bewusstheitsmeditation geht es um das Sosein, weil dieses uns einen Einblick in das primäre Bewusstsein gibt, das sich jenseits des getrübten sekundären Ego-Denkens abspielt.

Über Meditationen hat zwar der Mensch auch heute schon die Möglichkeit, die Chakren auf dem Ätherleib zu aktivieren, d.h zur „*Rotation*" zu bringen, um sie darüber effektiver für eine Bewusstseinserweiterung anzuregen. Vorerst sind allerdings die bisherigen Angebote und Methoden, um die „Versiegelung der Chakren" zu lösen, eher rein theoretisch und lassen sich praktisch nur schwer umsetzen. Eine „fruchtbare Öffnung" derselben gelingt vorerst allein nur über eine konsequente Selbsterkenntnis und einer daraus folgenden bedingungslose Bereitschaft im Loslassen aller Ich-Verhaftungen. Denn nur so kann man über den „Geist" die in der DNS latenten Kodierungen wieder aktivieren und eine gewisse „Transparenz" auch für die physische Basis erreichen. Die so wieder aktivierten DNS-Stränge werden dann in jeder Zelle multidimensionale skalare Wellenantennen „ausfahren", die bereit sind, jede Botschaft der Seele aufnehmen und sofort verarbeiten zu können. denn dass zwischen Bewusstseinsreaktionen und energetischen biologischen Feldern Zusammenhänge bestehen, kann heute nicht mehr bestritten werden.[102]

Im Ende des Äons wird das alles über das Quantenbewusstsein als Steuerelement möglich sein. Es handelt sich bei jenem parapsychologischen Transferpotential um eine Kommunikation mittels eines „nichtlokalen Bewusstseins", wobei sich eine permanente Bewusstseinsumwandlung ereignet, die auf eine Höherpotenzierung des Bewusstseins abzielt. Hier stellt sich die Frage, inwieweit der Mensch sich an dieser Entwicklung aktiv beteiligen kann. Bei diesem Transmutationsprozess, den die Menschheit in Zukunft erleben wird, handelt es sich immer um die „Belebung" der Chakren, die als Empfangsmodule höhere Frequenzen weiterleiten, deren Rotationsgeschwindigkeiten über Meditationen gesteigert werden können. Diese zukünftigen „Praktiken" werden aber ebenso mühsam sein und sehr lange dauern, wie im vergangenen Äon die Bemühungen der frühen Menschheit waren, um überhaupt erst einmal aus der „Materie den Geist bis zum gegenwärtigen Bewusstsein herauszudestillieren". Die dabei entstehenden Bewusstseinserweiterungen haben nichts mit einem Mehr an Wissen oder Erkennen zu tun, sondern nur mit einem Mehr an Wahrnehmungsrealitäten, die für wahr genommen werden. Und das bedeutet, dass es sich dabei um bewusstseinsüberschreitende Einblicke in bisher dem Wachbewusstsein verschlossene Bereiche handelt. Diese sogenannten „Undichtigkeiten" als Öffnungen oder Überschreitungen in andere Bewusstseinsdimensionen erlebt der Mensch jede Nacht im Traum. Denn während des Schlafens hält sich unsere Seele in höheren Bewusstseinsebenen auf.

Bei allen bewusstseinssteigernden Aktivitäten handelt es sich immer um spirituelle Eingaben, die bisher latente Module aus der Latenz mobilisieren. Nur darüber ist auch bisher jede menschliche Entwicklung erfolgt, wobei die la-

---

[102] C. G. Jung prägte dafür den Begriff der Synchronizität. Es handelt sich dabei um simultane psychische und materielle Vorgänge ohne kausale Verbindung.

tenten Möglichkeiten mit zunehmender Vergeistigung in ihrer Öffnungsbereitschaft anwachsen. Latenz bedeutet dabei: Sie haben bisher „geschlafen" und werden durch geistige Funktionen wieder „geweckt". Entscheidend für solche „Öffnungen" im Bewusstsein ist allerdings immer, dass alle dafür notwendigen physischen und psychischen Bezugssysteme schon reif sind. In der Gegenwart ist ein solcher „Bewusstseinsschub" für die gesamte Menschheit vorgesehen, der leider nicht für alle Menschen synchron verläuft, sondern meist zu „früh" erfolgt, so dass bei vielen Menschen quasi die „Sicherung durchbrennt" und man sie bisher als „verrückt" bezeichnete, wofür gegenwärtig der Begriff des Burnout-Syndroms steht.

„Meditation und Kontemplation" sind dabei die vorbereitenden Einstiegsmöglichkeiten für das „Quantenbewusstsein", welches dem Menschen zukünftige Erfahrungsbereiche öffnen wird, von denen er bisher nicht einmal träumte, und diese werden ihm Kontakte offenbaren, von denen er bisher noch gar nichts weiß, und ihn befähigen, seinen eigentlichen Platz und die Bestimmung seines Lebens zu finden. Ein solcher Mensch wird nicht mehr von den Begrenzungen seiner persönlichen Verhaftungen im Leben eingeengt sein, sondern anfangen, dieses Leben mit dem größeren Ganzen zu verschmelzen. Er wird seine Zeit nicht mehr der Kultivierung seiner kleinen Identität widmen, sondern versuchen, jene übergeordnete Identität zu verstehen, von der er ein Teil ist. Dabei ist jede Bewusstseinerweiterung eine Art „Einweihung" auf der Stufenleiter „der transmutierenden Unschärferelationen" innerhalb einer Kette immer höheren Integrationen. Das erklärt auch alle übersinnlichen transzendenten oder parapsychologischen Phänomene, die zwar nach den Gesetzten der klassischen Physik nicht zu erklären sind, von denen man aber vermutet, dass sie auf den bewusstseinssteuernden Einfluss sogenannter Biogravitationsfelder zurückzuführen sind und sich durch mentale Einwirkung in solchen Feldern mit den Elementarteilchen vermischen.

Auch David Bohm sieht den Zusammenhang zwischen Biogravitationsfeldern als quantenmechanischen Kräften bei der Transponierung von Ideen und Gedanken als Denksubstanz. Denn Gedanken sind weder räumlichen Ausdehnungen noch zeitlichen Abfolgen unterworfen, was bedeutet: Gedanken sind in einer dimensional übergeordneten Realität angesiedelt. Alle parapsychologischen Phänomene wie Psychokinese, Bilokationen, Levitationen, Präkognitionen, Visionen und Offenbarungen haben ihren Ursprung in solchen „morphogenetischen/morphischen Feldern".[103] Es handelt sich dabei um einen „Dimensionskipp", wobei unsichtbare Informationsfelder zuweilen „einfallen" und paranormale Phänomene erzeugen, was notwendig ist, um deutlich zu

---

[103] Rupert Sheldrake spricht von "unsichtbaren Informationsfeldern".

machen, dass es noch mehr als nur die kosmische Dimension gibt; denn solche „Wunder" verweisen immer über sich hinaus. Das sind Überschneidungen der Dimensionen, was deutlich bei Bioplasmafeldern wird, deren Energien sich aus höheren Dimensionen auf Erden zu gestalthaft Phänomenen umwandeln. Noch widerfahren alle diese Phänomene den Menschen, aber in Zukunft wird sich diese Fähigkeit auch bei den Menschen weiter entwickeln, und am Ende des nächsten Äons zur Selbstverständlichkeit werden wie jetzt das Fernsehen oder Telephonieren. Denn Bioplasma oder Ektoplasma werden die Materie der Zukunft sein, eine Substanzform, die sich ständig verwandelt, wie in den Bildern im Traum.

Wachen und Schlafen – zwei Seinszustände

Wachbewusstsein

Wir unterscheiden bekanntlich im Leben zwei Seinszustände: Wachen und Schlafen. Das Wachbewusstsein erfährt ein Mensch in einem zeitlich-linearen horizontalen Prozess über sehr unterschiedliche Wahrnehmungsaktualitäten, die vom rein sinnlichen Bemerken über erlebendes Wahrnehmen bis hin zum Vorstellen und Reflektieren über Sinnzusammenhänge und logischen Schlussfolgerungen reichen. In diesem zeitlich-horizontalen Prozess ist das Ich das Integral als zentrale Ausrichtung des Menschen, um über seine intelligiblen Fähigkeiten Wissen oder Erkenntnisse zu erlangen. Dieser individuelle Eigenraum eines ICH ist zwar ein fließender, kann sich aber als Ichbewusstsein nur bis an die für eine bestimmte Bewusstseinsdimension gesetzten Grenzen zum geistigen Innenraum hin ausdehnen. Bei Letzterem gebraucht der Wahrnehmende zusätzlich noch die Urteilskraft seines Verstandes für alles das, was er nicht direkt sinnlich wahrnehmen kann (Gesetz der Entsprechungen oder Analogien). Darüber hinaus gibt es noch die unmittelbare Wahrnehmung des Mystikers, der im Bewusstsein seines Selbst konzentriert ist, was dadurch erreicht wird, dass das Denkvermögen direkt als Organ der geistigen Schau und Übermittlung benutzt wird, denn „der Mystiker ist reines Erkennen." In den Offenbarungen ist die „wahrnehmende Erkennen" unmittelbar, und man erfährt den dargestellten Gedanken durch das Medium der Denkfähigkeit, weil die „Wahrnehmung" bereits das rein sinnlich wahrnehmende Wachbewusstsein quasi in das „Traumbewusstsein", die Intuition und die Phantasie, d.h. ins Quantenbewusstsein überschreitet. Solche Überschreitungen zum Innenraum sind bewusst und willentlich nicht möglich, sondern widerfahren den Menschen wie im Traum, in Trance, bei Visionen oder Illuminationen, die nicht mehr vom Wachbewusstsein kontrolliert und erst nachträglich von diesem registriert und

.

eingeordnet werden können. Über dieses „Ruhebewusstsein" kann zwar der tiefst mögliche Bewusstseinsraum ausgeschöpft werden, ohne dass jedoch das Wachbewusstsein selbst in den Innenraum der Seele vordringen kann.

Traumbewusstsein / Schlaf:
Traum ist ein Zustand – Wachen ein Prozess

Der Unterschied zwischen Wachen und Traum ist durch die kontrollierende Ich-Instanz bedingt, die im Wachbewusstsein als höchste Instanz immer an einen real-zeitlichen Prozess gebunden ist, an ein „Vorher und Nachher", was es im Traum nicht gibt; denn da ist alles eine zeitlose Gleichzeitigkeit, die einen Zustand ausmacht. Der Schlaf ist der Zustand einer permanenten Gegenwart, Wachen ist dagegen immer reine prozesshafte Zeitlichkeit; natürlich gibt es auch im Traum eine Art Abfolge als Bewegung, die aber nicht als Zeitfolge empfunden wird, weil es keinen folgerichtigen Ablauf gibt, der allein erst einen zeitlichen Prozess ermöglicht und vorstellt.

Wachen, Träumen und traumloser Tiefschlaf sind der beständige Wechsel unterschiedlicher Bewusstheitsgrade, wobei dieser Wechsel vom Wachbewusstsein als von sich selbst abweichende Identifikationen einordnet und beim Erwachen lediglich als Erinnerungen registriert werden. Darum wird der Traum als Differenz zweier Identifikationen eines einzigen Bewusstseins erlebt, wobei der traumlose Tiefschlaf über eine Traumidentifikation hinaus als die vollständige Auflösung des Wachbewusstseins erscheint und gewissermaßen als eine „Nullidentifikation" angesehen wird, um die man zwar weiß, die man aber „verlässt" oder „aufgibt", sobald man in das Wachbewusstsein „zurückkehrt".

Deswegen bemisst man diese „Nullidentifikation" des Tiefschlafes als untergeordnet und bedeutungslos. Eine Konsequenz dieser Anmaßung ist die Ambivalenz in der Traumdeutung, wobei die Legitimation dieser Anmaßung in der Unbestimmbarkeit des Bewusstheitsgrades begründet zu sein scheint, der im Mangel an einer präzisen bewussten Abgrenzungs- und Reflexionsfähigkeit zum Ausdruck kommt, und sich darüber hinaus der Einflussnahme des Wachbewusstseins zu entziehen scheint. Traumdeutung und alle Aussagen über den Tiefschlaf erfüllen lediglich eine Art „Schutzfunktion", mit deren Hilfe sich das Wachbewusstsein quasi seine „übergeordnete Identifikation" sichert, letztendlich sich aber nur selbst absichert. Denn „Wachbewusstsein" ist für die Wissenschaft allein die Instanz, mit der sie vermeintlich über sich selbst hinauszuweisen glaubt, ohne dabei zu erkennen, dass es nur eine Selbstbespiegelung ist, die immer wieder auf sich zurückfällt.

Es ist dem Ichbewusstsein nicht möglich, auch nur eine einzige gültige Aussage über die „Nullidentifikation des Tiefschlafes" zu machen, weil es sich per definitionem vollständig davon ausgeschlossen sieht. Denn solange sich das Ichbewusstsein der Traumidentifikation überordnet und die Interpretation des Traumgeschehens nachträglich auf sich als allein dafür berechtigt Instanz hin zuordnet, missdeutet es nicht nur das Traumgeschehen selbst, sondern erstellt auch eine völlig unstatthafte „Hierarchie der Identifikationsmöglichkeiten" im Menschen, eine Anmaßung, die ihm aufgrund seiner sehr beschränkten Einsichtsmöglichkeit gar nicht zukommt. Regeln und Gesetzmäßigkeiten werden zwar immer vom Ichbewusstsein bestimmt, aber diese verlieren völlig ihre Bedeutung, wenn ein Ich sich im Tiefschlaf befindet, weil sich ohne es zu wissen seine eingebildete Ichidentifikation dabei auflöst und seine eigentliche Bewusstheit, sein Traumbewusstsein, wieder im „Ozean des Allbewusstseins" schwimmt. Ohne diesen permanenten Wechsel zwischen der Ichidentifikation einerseits und der Nullidentifikation des Ich andererseits, über die das Ich nichts wissen darf, ohne seine Identifikation zutiefst zu erschüttern, ist das Ichbewusstsein gar nicht in der Lage weiterzubestehen. Das, was das Ich als Müdigkeit und Sehnsucht nach Schlaf erfährt und im Tiefschlaf erlebt, ist die Erfüllung seiner unbewusste Sehnsucht, sich als Teilbewusstsein mit dem Allbewusstsein zu verbinden. Nur diese meist nächtliche Verbindung gibt dem Ich die Kraft und Energie, um die dabei „aufgetankte Vertikalenergie" als umgewandelte und lebensnotwendige Horizontalenergie aufrechterhalten zu können. Im Tiefschlaf erfrischt sich das Ich gewissermaßen für den Wachzustand, wobei im Umkehrschluss das Wachbewusstsein der Tiefschlaf für das Allbewusstsein ist.

Alles, was sich im wachbewussten „begrifflichen Erfassen" vollzieht, ist immer bereits eine Art Fixierung. Das ist innerhalb der Fülle von Eindrücken im Leben notwendig, um sich diese als Erinnerungen und Vorstellungen wieder vergegenwärtigen zu können, wobei Vorstellungen die Voraussetzung für sprachliche Begriffe, nicht aber mit diesen wesensgleich sind. Vorstellungskraft und Erinnerungen sind notwendige, weil der Mensch nur darüber einen Prozess in der Zeit begreifen und gestalten kann. In den höheren Bewusstseinsdimensionen gibt es genau wie im Traum weder Prozess noch Zeit als Träger für Handeln und Gestalten, sondern nur die „Phantasie", die in quasi spontaner Gestaltung pur ins Erscheinen eines immanenten Zustandes tritt, der sich zwar auch ständig ändern und verwandeln kann, aber nicht als Folge von Vorstellungen, sondern in einer Art „spontaner Schöpfung", die sich als Gedanken in Bildern verwirklicht. In diesem quasi „virtuellen" Traumleben vergessen die Menschen, dass sie jede Nacht während des Schlafes für die physisch-reale horizontale Bewusstseinsebene „sterben und woanders lebendig und tätig" sind. Es ist ihnen nicht bewusst, dass sie dabei bereits eine selbstverständliche Perfektion im „Verlassen des physischen Körpers" erreicht haben.

Der Schlaf ist gemessen an den wachen Aktivitäten die kürzere „Zwischenzeit" und hat nicht die gleiche Bedeutung wie der Wachzustand. Man ist nur in eine andere „Wirklichkeit" vorübergehend „verreist". Somnambule (traumwandlerische) Zustände im Wachzustand empfinden wir irritierend und störend, während wir den Schlafzustand als ein willentlich nicht beeinflussbares Körperverhalten als völlig normal akzeptieren. Im Schlaf erfolgt eine Lockerung der im Wachbewusstsein festen Verbindung der beiden Körper „Physis und Ätherleib" durch unterschiedliche Energieeinstrahlungen und einer Verminderung der Gehirnströme im Tiefschlaf. Das Gehirn arbeitet langsamer, wobei die unbewussten Energien völlig aktiv bleiben. Der Mensch scheint von geheimen Energiequellen zu profitieren. Hierbei werden offenbar spirituelle Entwicklungsprogramme von einer Matrix (Schablone) abgerufen, die in einer höheren Bewusstseinsdimension, unserer vorgeburtlichen „Heimat", eingebettet ist.

Das ganze Universum besteht aus Schwingungen, wobei die Schwingungen in der Welt des Wachbewusstseins begrenzte sind. Fast nur im Schlaf *erreichen den Menschen auch Schwingungen aus höheren Dimensionen direkt.* Alpha-Frequenzen sind solche aus einem höheren Frequenzbereich und ermöglichen z.B. parapsychologische Phantasiebilder, die mit der klassischen Physik nicht erklärbar sind. Thetawellen sind Wellen aus dem Bereich des Unbewussten bei völliger Abschaltung des Oberbewussten. Ebenso die Delta-Wellen – sie bestimmen die starken Aktivitäten im Tiefschlaf, was wir Träumen nennen. Alle diese Wellen empfängt der Mensch automatisch im Schlaf, während man im Wachbewusstsein erst die Voraussetzungen für diese Frequenzen schaffen muss. Und darum geht es bei der neuen Population, die bei vollem Bewusstsein solche Empfangsmöglichkeiten sich schaffen wird und zukünftig stärker aktiviert werden wird.

Im Schlaf durchläuft der Mensch in seinen Traumzuständen unterschiedliche Frequenzbereiche. in denen zugleich mit den unterschiedlichen Schlafphasen auch der jeweilige Bewusstseinsgrad wechselt, denn die verschiedenen Schlafphasen haben unterschiedliche Frequenzen Es gibt nun schnelle und langsame Schlafphasen, deren unterschiedliche Bedeutung darin zu sehen ist, dass die einen mehr dem „Auftanken" von Energien dienen, andere wiederum das Unbewusste über Träume „beleben" die dem Wachbewusstsein bei der Lösung seiner Probleme helfen sollen. Es ist eine Art „Umschalten" oder Wechselwirkung zwischen körperlichen und bewusstseinsmäßigen Aktivitäten. Der Körper ermüdet und dadurch ändert sich z.B. die Empfangsbereitschaft für Alphawellen, die den Ruhezustand verstärken. Beides geschieht gleichzeitig: Müdigkeit ist eine Folge von Alphawellen, die den Körper veranlassen, sich selbst auf den Schlaf umzustellen. Danach treten wieder andere Frequenzen in Aktion, vor allem Thetawellen, die für eine „Verschiebung" der Frequenzbereiche im Traum zuständig sind, was jenes „Oszillieren der Unschärfe-Relation" zwischen den beiden Seinszuständen von Wachen und Schlafen ermöglicht.

Man darf aber diesen Wechsel zwischen Wachen und Schlafen niemals als zeitlichen verstehen, wenn sich Zeitvorstellungen hinsichtlich des Tag- und Nachtzyklus einem dabei aufdrängen. Denn das wäre eine unangemessene kurzschlussartige Konsequenz der Ichidentifikation, und zwar nur weil sich das ICH quasi selbst als sichtbar gewordene Zeit erlebt. Es handelt sich dabei lediglich um den Wechsel von Bewusstheitsgraden in Form eines gleichbleibenden Rhythmus, der in anderen Bewusstseinsebenen sich anders manifestiert. So wird ja auch der Wechsel von Tag und Nacht richtig im übertragenen Sinne als bewusst und unbewusst verstanden, wobei das Ichbewusstsein als die „Nachtseite des Allbewusstseins" zu verstehen ist und sich selbst im Tiefschlaf als der „Tagseite des Allbewusstseins" erholt, um neue Kräfte für das zeitlich begrenzte Wachbewusstsein zu sammeln. Das „Allbewusstsein" jenseits der Zeit weiß zwar um diese Erfüllung, aber kann die Erfüllung immer nur dann erleben, wenn ein individuelles „Ichbewusstsein" sich selbst auf das Allbewusstsein hin transzendiert. Es geht dabei immer nur um das Erleben, niemals um die Zeit, in der das Ziel erreicht wird. Dieses Ziel ist in jedem Augenblick, und das allein ist Zeitfreiheit, die irgendwo im Kosmos immer erreicht wird, weil die Liebe sich selbst immer dann als Liebe erlebt, wenn ein Wachbewusstsein sein Ichbewusstsein als Teilbewusstsein zugunsten des Allbewusstsein auflöst.

Dabei spielt die „Traumidentifikation" eine so wichtige vermittelnde Rolle als Verbindung zwischen den beiden Polen von Wach- und Allbewusstsein. Der Traum und die „Traumidentifikation" hat eine viel umfassendere Bedeutung als die Psychologie der Ichbewusstseinssphäre es jemals wahrnimmt. Denn der Traum ist gewissermaßen der Schnittpunkt, an dem die beiden Pole sich berühren und in der Traumidentifikation miteinander verschmelzen. Es geht dabei um die Gesamtheit aller Bewusstseinswelten. Denn das, was dem Ich im Wachen nachträglich als Traum erscheint, ist bereits eine ganz andere Bewusstseinswelt, die auch nach ganz anderen Gesetzmäßigkeiten aufgebaut ist als die dem Ich vertraute Ichbewusstseinsebene, und die sich die Menschen in Zukunft immer bewusster machen müssen, weil das der Einstieg ins „Quantenbewusstsein" sein wird. Denn je mehr im Traum selbst an der Ichidentifikation der Ichbewusstseinsebene festgehalten wird, desto „realistischer" erscheint einem Ich nachträglich der Traum. Je mehr im Traum die Ichidentifikation losgelassen wird, desto mehr kommt es zu einer dem Ich vollständig „fremden" Identifikation. Es gibt auch Träume, in denen es scheinbar zu keinen Identifikationen kommt, in denen „nur" Bilder geschaut werden, die an einem Bewusstseinshorizont vorbeiziehen.; aber in allen Fällen handelt es sich um eine vom Wachbewusstsein abweichende Identifikation. *Darum unterscheide nicht mehr zwischen Tod, Traum und Wirklichkeit. Alles sei für dich die eine Wirklichkeit, denn Unterscheidungen entstehen nur über das trennende Abgrenzungsbedürfnis des Ich.* Je weniger man sich dagegen im Wachbewusstsein mit seinem Ich identifizierst, desto weniger erlebt man den Tod und den Traum als vom Wachbewusstsein unterschiedene Bewusstheitsgrade. Für die fernöstlichen religiösen Vorstellungen gibt es drei Bewusstseinszustände: Wachzustand – Traumzustand – Tiefschlafzustand. Yukteswar sagt dazu: *„So wie sich die Dinge, die wir im Traum sehen, beim Erwachen als unwirklich erweisen, so sind auch die Wahrnehmungen im Wachzustand unwirklich und nichts als Schlussfolgerungen."*

In diesem Zusammenhang stellt sich die Frage: Warum wir den Übergang vom Schlafen zum Wachen und umgekehrt nie bewusst erleben können. Die Antwort darauf ist: *„Weil Liebe niemals kontrolliert werden kann und der Mensch darum auch nie weiß, wann er wirklich liebt. Und genauso ist es auch beim Übergang von einem Zustand in den anderen; denn dieser erfolgt immer nur über die Liebe und niemals über ein kontrollierendes Ich, das die Funktionen der Liebe weder bestimmen noch beeinflussen kann."* Darum besitzt auch niemand eine verlässliche Rückerinnerung an dieses „Heraustreten des Traumkörpers" aus der leiblichen Ebene und wäre in der Lage, das „tätige Traumleben" in das wache Ichbewusstsein mitzubringen. Beim Übergang erfolgt eine Art Umpolung der Frequenzen, oder anders ausgedrückt: die „Empfangsfrequenzen" verlieren im Traum ihre „abdeckende Bedeutung", die sie im Wachzustand besitzen, so dass die Frequenzen des Ätherkörpers im Traum pur durchstrahlen können, weil im Traum die Frequenzen des Wachbewusstseins quasi ausgeschaltet sind. Es findet in der Tat eine Art Umpolung der Frequenzen statt, wobei die Frequenzen der körperlichen Bedingungen im Traumzustand ihre kontrollierende und abdeckende Bedeutung verlieren. In Zukunft werden allerdings die Menschen auch im Wachbewusstsein bewusst wieder die „abdeckenden" Wachfrequenzen zugunsten der Traumfrequenzen herunter regeln können, was vorerst nur besonders sensitiven Menschen widerfährt.

Bei der Übersetzung des Traumbewusstseins ins Wachbewusstsein geht es nicht darum, eine solche Transponierung über den Willen herbeizuführen, sondern allein darum, sich wie ein Träumender gegenüber „Eingaben" zu verhalten: denn ein Träumender kann nicht mehr seine Verhaltensweisen bestimmen, sondern ist den „Bildern" im Traum völlig ausgeliefert und erlebt alles passiv empfangend; denn nur im Traum hat man allein das Vertrauen, das dafür notwenig ist, sich führen zu lassen ohne selbst zu bestimmen wohin. Und das ist auch der Sinn der östlichen Meditationen, sich im Leben führen zu lassen, um darüber automatisch mit spirituellen Kräften verbunden zu werden, was man allerdings nur im absoluten Vertrauen auf Gott schafft. Insofern wird auch die Wandlung des Bewusstseins nur über eine tiefe religiöse Glaubenseinstellung und Selbsterkenntnis möglich sein, die Teilhard de Chardin in „Mensch und Kosmos" als „konsubstantiell" bezeichnet und als Voraussetzung für den Beginn einer neuen Religion erachtet. Erst dann werden die Menschen in der Lage sein, diese neuen Energiequellen zu erreichen, wobei aber die Basis für das „Umschalten" auf diese befreienden Energien im Menschen selbst bleibt und auf alle Kontrollfunktionen durch das Bewusstsein verzichtet. Dieses Risiko muss man eingehen, um automatisch diese Frequenzen zu empfangen, die sonst auf einen versperrten Empfang stoßen Denn nur durch das Ausschalten dieser störenden Einflüsse können sich paranormale Aktivitäten erst entfalten, weil deren Zugang zur zeitneutralen höheren Bewusstseinsebene nur über das Unbewusste erfolgt; und zwar so wie im Schlaf, wo das Unbewusste quasi „auf Horchposten" geht. Dazu Ken Wilber: _„Im Traum werden Ich und Bewusstsein wieder aufgelöst."_

Dieses „Umschalten" auf andere Frequenzen geschieht ähnlich wie beim Tod, weswegen auch der _„Schlaf als kleiner Bruder des Todes"_ bezeichnet wird. Im Prinzip handelt es sich um eine Erhöhung der Frequenzen, über die man auch eine totale Veränderung des Zeitempfindens erfährt. Schon im Traum deckt sich die Fülle der Vorgänge nicht mit den Zeitvorstellungen unserer Wachzeit, was auch alle Sinnzusammenhänge beeinflusst und verändert; denn wenn die Theta- bis Delta-Wellen des Traumzustandes aktiviert sind, öffnen sich die _„interdimensionalen Portale des Geistraumes"._ Dieser quantenmechanische Wellenprozess setzt im Menschen eine völlige Unbewusstheit voraus, denn nur so können die normalen Funktionen des Gehirns die „skalaren Frequenzen" nicht stören; und das ist beim Menschen nur im Schlaf der Fall oder nach seinem Ableben. Insofern ist der Vorgang des täglichen Schlafens als „begrenztes Sterben" mit dem Leben nach dem Tod identisch. Der wesentliche Unterschied besteht nur darin, dass im Schlaf der „magnetische Silberfaden" oder der verbindende Energiestrom, an dem die Lebenskräfte entlang laufen, unversehrt bleibt und die Rückkehr in den Körper sichert. Im Tod ist dieser Lebensfaden gebrochen oder abgerissen. Wenn das geschehen ist, kann der Ätherleib nicht mehr in den groben physischen Körper zurückkehren, weil diesem das integrierende Zusammenhalteprinzip des ICH fehlt, und der Körper zerfällt und löst sich auf.

Dieser tägliche zyklische Wechsel zwischen Wachen und Schlafen ist ein analoger Prozess zum zyklischen Gesetz von „Leben und Sterben", was ebenfalls ein Wechsel zwischen den „vielen Leben" in der Abfolge unterschiedlicher Bewusstseinsdimensionen ist; und das sollten sich die Menschen wieder ganz bewusst machen. Der Tod scheint oft so sinnlos zu sein, und das nur deshalb, weil die dahinter bestimmende Absicht der Seele nicht erkannt wird. Ähnlich wie im gehabten Traum bleibt auch im Inkarnationsvorgang das vor der irdischen Geburt liegende „vergangene Leben" wie ein gehabter Traum verborgen. Zwar können wir uns im Wachzustand teilweise noch an Träume erinnern, aber eine Identifizierung wie im erlebnishaften Wachbewusstsein ist nur schwer möglich, weil sich unser ICH für seine Träume persönlich nicht verantwortlich fühlt. Darum bleiben auch alle Versuche, Träume zu deuten – seien sie auch noch so „wissenschaftlich gesichert" – letztlich immer unverbindlich, weil das Ichbewusstsein sich in einer nachträglichen Traumdeutung immer nur selbst bespiegelt und damit wieder nur auf sich selbst zurückfällt.

Es ist zwar möglich, über gehabte Träume zu reflektieren, aber unmöglich, darüber eine verbindliche Aussage zu machen, weil das Ich im Wachbewusstsein alle Traumbilder mit subjektiven Vorstellungen einfärbt. Denn im Gegensatz zum Wachbewusstsein ist der Traum fast immer ein ganzheitliches nonverbales Kommunizieren in Bildern, ein Verstehen ohne sprachliche Begrifflichkeit, und zwar ähnlich der Telepathie, denn der Traumzustand ist „nicht-*ich*haft", weil sich im Traum das normale Ego auflöst. Das entspricht den zwei unterschiedlichen Formen der Bewusstheit: Ichbewusstsein und Quantenbewusstsein. Das Traumbewusstsein wird als prä-verbales und prä-*ich*haftes im Frühstadium der Menschheit verstanden, das Quantenbewusstsein dagegen als transversal und trans-ichhaft. Der Traum kann beide Aspekte beinhalten. Im Abendland neigt man dazu, den Traum nur als „präverbal (Freud „Unterbewusstes") anzusehen, die östlichen Kulturen sehen den Traum nur transverbal. Im Westen versteht man den Traum also nur von der Frühzeit der Menschheit her. Diese Bewusstseinswirklichkeit dieser Frühzeit lebt durch alle Epochen bis heute in uns. Denn jede Entwicklungsstufe verkörpert eine bestimmte Beschaffenheit des Ich. Aber, was auf einer Entwicklungsstufe das Ganze des Ich ist, bildet auf der nächsten höheren Stufe nur einen Teil, weil im neuen Ichbewusstsein nicht alles des alten Ichs bewusst fortgeführt wird, aber trotz allem im Unbewussten existent und ist im Traum abrufbar bleibt.

Wo befinden wir uns eigentlich im Schlaf ?

Im Tiefschlaf hat der Mensch die Schwelle überschritten, die ihn von der realen Wirklichkeit trennt. Er erlebt die Herrlichkeit der wahren Wirklichkeit und holt sich Kraft für seine Bemühungen, das Licht seiner Seele transparent werden zu lassen: *Im Träumen ist der Mensch in der Welt der „reinen Formen", in denen ihr die „Muster" für eure Entwicklung erstellt, die euch über die Phantasie im Wachbewusstsein zur Verfügung stehen; denn das Träumen gehört mit zu euren Aufgaben im Leben, weil Träume mithelfen, Karma abzutragen.* Denn im Schlaf hält sich unser feinstofflicher Ätherleib in höheren Bewusstseinsebenen auf, wodurch eine verstärkte Ankoppelung unseres Ichs an höherdimensionierte

Strukturen erfolgt, wobei sich der „feinstoffliche" Körper vom niederdimensionalen grobstofflichen Leib abhebt, um die schier unerschöpfliche Fülle vorhandener feinstofflicher Energie aufzuladen. Leider stehen den meisten Menschen im Tagesbewusstsein diese Energien und Phantasien nicht frei zur Verfügung, weil der kontrollierende Intellekt als Sperrfilter diese schöpferischen Ideen oft nicht zulässt. Und dennoch kann keine noch so kostbare Medizin diesen Aufladungsprozess mit feinstofflicher Lebensenergie ersetzen. Man kann den Schlaf darum als einen über die Seele induzierten parabioenergetischen Aufladungs- und Regenerationsprozess zur Stützung unserer materiellen Existenz bezeichnen.

Wir werden also im Schlaf nicht nur geistig ernährt, sondern tanken auch vitale Lebensenergien auf. Darum wäre eine oft behauptete monatelange Schlaflosigkeit[104] absolut tödlich, denn ohne Schlaf müsste ein Mensch sterben, weil damit der „Draht" zur nächsthöheren Dimension lahmgelegt wäre, von wo aus alle Menschen ihre Lebensenergien erhalten. Bei Schlaflosigkeit handelt es sich zwar immer um einen Defekt im Modul, aber selbst dann erfolgen dennoch – dem Betroffenen völlig unbewusst – immer wieder kurze Schlafphasen, die er zwar kaum wahrnimmt, die aber durchaus wirksam sind. Dieses Modul liegt in der Hypophyse, die auf den Hypothalamus wirkt und eine Verbindung herstellt, damit die feinstofflichen Energien, die sehr gefiltert aus dem Zentrum kommen, in den Menschen einfließen können. Zwar sind in der Physis als vitaler Basis alle Vorgänge und Prozesse darin lokalisiert, aber ein eigentliches Schlafzentrum im Hirn gibt es nicht. Es gibt allerdings einen Bereich, den man als eine Art „Verbindungsmodul" zur nächsthöheren Dimension bezeichnen könnte, weil darüber Zustände wie Schlaf, Hypnose, Traum und Narkose erfolgen, und zwar durch Ausschalten aller Bewusstseinsmöglichkeiten im Wachzustand.

Nur im Traum ist der Mensch direkt an der Ausschüttung der Urenergie angeschlossen und befindet sich selbst in der Urform dieser Energie, die ihn pur über den Ätherkörper erreicht und nicht wie sonst im materiellen dreidimensionalen Raum des Kosmos eine „Transponierung" der Urenergie notwendig macht. Im Traum entfallen sämtliche Raum- und Zeitvorstellungen, weil der Mensch im Traum weder eines äußeren dreidimensionalen Raumes noch eines prozesshaften Nacheinander mehr bedarf, so wie man in den anderen Bewusstseinsdimensionen nicht mehr von Raum und Zeit sprechen kann, sondern von Bewusstseinszuständen von Dauer als permanenter Gegenwart. Es handelt sich im Traum um Bewusstseinszustände und „Dauer" als Ewigkeit, und das ist permanente Gegenwart. Um die Urenergie in Zukunft ganz bewusst zu erleben, müssen die Bewusstseinsmöglichkeiten im Traum in das Wachbewusstsein ge-

---

[104] Jahrelange Nahrungsenthaltsamkeit ist dagegen durchaus möglich

bracht werden, was in der Meditation schon annähernd möglich ist. Gegenwärtig werden im Schlaf werden gewisse paranormale Fähigkeiten gefördert, von denen einige im Wachzustand nur sehr selten auftreten. Denn erst wenn das Unbewusste mit Hilfe unseres feinstofflichen Körpers höherdimensionale Ebenen erreicht, können paranormale Wahrnehmungskanäle geöffnet und angezapft werden.

Die wissenschaftliche Forschung bewegt sich in dieser Richtung auf der Suche nach den Ursachen, und bisherige Forschungsergebnisse zeitigen bereits, dass verschiedene Bewusstseinszustände auf unterschiedliche Gehirnströme zurückzuführen sind. Tatsächlich wird in Zuständen tiefster Entspannung, z. B. in der Meditation, die Dominanz der sehr schnellen Betawellen des Alltags von einer Koexistenz mit den langsameren und längeren Alphawellen abgelöst. Yogis und Mystiker in höchster Versenkung zeigen im EEG neben stark verlangsamter Alpha-Aktivität auch noch Thetawellen, die nur noch von den im Tiefschlaf auftretenden Deltawellen an Langwelligkeit übertroffen werden. Nachweislich erhöht das die Kohärenz unserer Gehirnwellen und führt möglicherweise auch zu einer Erweiterung unseres Bewusstseins. In Zukunft wird die Menschheit eine Wandlung im Bewusstsein erleben, wobei das jetzige Traumbewusstsein das gegenwärtige Wachbewusstsein als neues Wachbewusstsein ablösen wird, was sich in der Gegenwart im sich anbahnenden Supramental oder Quantenbewusstsein bereits zeigt. Noch haben die Menschen davon nur eine Ahnung, die zur Gewissheit werden muss. Um sich aber auf dieses Bewusstsein vorzubereiten, müssen heute schon die Menschen in Richtung Traumwelt denken, weil man nur in dieser allein die Urenergie erfahren kann. Und dieses Traumbewusstsein muss ganz ins Oberbewusstsein gebracht werden, um darüber wieder vollbewusst an die Urenergie angeschlossen zu werden.

Zwar ist dieses raum- und zeitlose Erleben der Welt den Menschen schwer vorstellbar, und doch erleben wir sie aber ständig im Traum, in dem man den „Raum als eine bestimmte „Zustandsform" und nicht im Fluss einer kontinuierlichen Zeitabfolge erlebt, sondern als permanenter Gegenwart. Somit ist der Traum oder Tiefschlaf eine „Zustandsveränderung", die wir zwar in unserer Vorstellung quasi mit einem Ortswechsel verbinden, die aber in Wirklichkeit ein Dimensionswechsel ist, sodass sich die Frage erübrigt, an welchem „Ort" man sich im Schlaf befindet. Denn im Tiefschlaf ist der Mensch in einer „nichtlokalen Dimension" und hat die Schwelle überschritten, die ihn von der Realität des Wachbewusstseins trennt.

Vorerst ist das nur möglich, indem man die „Traumwelt" wieder – wie die Menschheit der Frühzeit – als eine „reale" begreift, was im übrigen auch gleichbedeutend ist mit dem „Leben nach dem Tod". Diese beiden Formen eines „Lebens" dürfen nicht mehr als getrennte gesehen werden, sondern ergeben nur zusammen als sich Ergänzende einen Sinn. Dass sie zusammen gehören und eine Einheit bilden, wird gegenwärtig den Menschen mehr und mehr bewusst. Denn es gibt nicht zwei Welten: Es ist alles nur eine Welt mit allerdings zwei sehr verschiedenen Bewusstseinszuständen. Ansätze für diese Auffassung sind gegeben, aber noch fühlt sich die Naturwissenschaft von einer solchen Hypothese abgestoßen. Dieses fatale Vorurteil muss überwunden werden, weil es das zukünftige Erreichen eines von Zeit und Raum „unbegrenzten Quantenbewusstsein" blockiert. Gegenwärtig befinden sich die Menschen nur im Traum in diesem Bereich, der ja auch nicht mit den euklidischen Raumvorstellungen vergleichbar ist. Als Vorbereitung auf das neue supramentale Bewusstsein sollte sich die Wissenschaft vor allem von den Fesseln ihrer dreidimensionalen bisherigen Vorstellungen befreien, die doch nur durch illusionäre Raum- und Zeitvorstellungen im Kosmos bedingt sind.

Das ist als Vorbereitung auf das zukünftige Bewusstsein auch heute schon möglich, die Vorstellung einer solchen „Zustandswelt" als Denkmodell in alle wachbewussten Überlegungen zu integrieren – durch Konzentration darauf und in Meditationen kann der „Traumbereich" wieder ins Tagbewusstsein „gehoben" werden, was über die Belebung der Chakren als Empfangsmodule für Traumfrequenzen gegenwärtig durchaus schon möglich ist. Gegenwärtig kann man eine solche „Verschiebung von Bewusstseinsbereichen" fast nur bei Geisteserkrankungen als ein „gestörtes Traumbewusstsein" beobachten. Grund dafür ist eine nicht mehr funktionierende „Deckungsgleichheit" von leiblichem und feinstofflichem Körper. Es sind im wahrsten Sinn des Wortes „Verrückt-heiten", fast so wie im Traum, in dem auch das im Wachbewusstsein vorherrschende Ich die alles integrierende Kontrolle verloren hat; In der Schizophrenie vollzieht sich alles wie im Traum, ohne „logische Abfolge" einer vom Ich kontrollierten Projektion. So werden z.B. Bilder von Schizophrenen vom Bewusstsein kaum überformt und gleichen somit „Traumbildern". Dieses Fehlen einer bewusstseinsmäßigen „Abdeckung" oder „Deckungsgleichheit" findet sich auch bei vielen Sterbenden oder alten Menschen, bei denen die „bewusste Abdeckung" zerbricht – die eigene „reale wachbewusste Identifikationsebene" zu Gunsten anderer Bewusstseinsebenen wird aufgegeben, um so die Verbindungen zu anderen Bewusstseinsebenen ermöglichen zu können und auf diese Weise leichter in neue „Bewusstseinsräume" über zu wechseln. Das gilt auch für Menschen im Koma, die eine Art „Nachtodidentifikation" erleben, wobei solche „Bewusstseinszustände" denen eines Traumes entsprechen. Das ist leider auch die völlig irrige Begründung dafür, den „irdischen" Hirntod als endgültigen Abriss von der Körperlichkeit des Lebens zu bezeichnen und als das endgültige Zerreißen des Lebensfadens zu missdeuten. Der „Hirntod" ist aber lediglich das, was man als das Verlöschen der Ichbewusstseinssphäre ansehen muss; es ist lediglich der „Abgang der Bewusstheit", wobei der Mensch durchaus noch in seiner Körperlichkeit lebend befangen bleibt. Das Leben selbst ist erst mit dem Ausstieg der Seele (Ätherleib) beim endgültigen Stillstand des Herzens beendet.

Telepathie / Quantenbewusstsein

„Nach der Umwandlung von einer Periode zur anderen verändert die Menschheit ihre innerliche und äußerliche Welt jeweils gemäß den größeren erkenntnismäßigen Strukturen der erreichten Bewusstseinsebenen."[105]

Wilber unterscheidet dabei zwischen äußeren Veränderungen, die er als Translationen bezeichnet, und inneren Verwandlungen, die für ihn Transformationen sind. Translationen beziehen sich dabei auf den äußeren zeitlich-horizontalen Prozess alles Natürlichen des Lebens, während Transformationen die Verwandlungen in der Art einer vertikalen Verlagerung oder Mutation von Bewusstseinsstrukturen sind. Genauso könnte man sagen: Veränderung sei eine Änderung von Oberflächenstrukturen, Transformation eine Wandlung von Tiefenstrukturen. Dieser gesamte „Transmutationsprozess", den die Menschheit in Zukunft erleben wird, hat bereits begonnen. Schon jetzt verlieren Phänomene wie Telekinese, Levitationen oder Telepathie ihren „Wundercharakter", und man kann an diesen Phänomenen den Einfluss und das Wirken aus höheren Bewusstseinsdimensionen erkennen; diese „Eingriffe" lassen sich zwar nicht mit den Gesetzen unserer Physik erklären, lassen sich jedoch in ihren Wirkungen sehr wohl beobachten. Das gilt im besonderen auch für die Telepathie als zukünftige Kommunikationsform.

Denn *„Telepathie ist die Sprache des Lichtes"*, worüber das Potential der höheren Dimension, der gegenwärtigen *„Traumdimension"*, wieder aus der Latenz ins *„Wachbewusstsein"* gehoben werden wird.* Telepathische Empfänge sind immer Ganzheiten (Hologramme) von aktualisierten Sinnzusammenhängen und werden als ein komplexes Geschehen erfasst; darum besitzt Telepathie immer einen „offenbarenden Charakter", und zwar ähnlich wie bei Visionen oder im Traum, nur viel stärker, denn das Leben selbst spielt sich in diesen telepathischen Bildübertragungen ab. Heute sprechen wir zwar weniger von Telepathie, sondern meist von Gedankenübertragung. Beides muss aber unterschieden werden: Gedanken sind immer ein Ausdruck abstrakter Vorentwürfe, die erst verifiziert

---

[105] Ken Wilber aus „Halbzeit der Evolution"

werden müssen, um dann reale Wirklichkeit zu werden. Gedanken allein sind quasi nur „Formblätter", die gelesen und umgesetzt werden müssen. Darum besteht immer die Gefahr, sich mit Gedanken allein schon zu begnügen. Jeder Gedanke muss aber zum wirklichen Leben erweckt werden. Und das ist bei der Telepathie immer der Fall: Diese Übertragungen oder Empfänge sind selbst bereits lebendige Gestaltungen und müssen nicht erst durch Verifizierung zum Leben erweckt werden, und das ist bereits eine Vorform des Quantenbewusstseins.

Telepathische Übertragungen entsprechen den Kommunikationsmöglichkeiten in höheren Bewusstseinsdimensionen: Man stellt sich etwas vor, und es ist sogleich lebendig und real vorhanden. Ein Haus z. B. muss man nicht über einen erstellten Plan oder Entwurf ausführen, sondern alles entsteht im Moment der Vorstellung. Das ist in etwa vergleichbar mit der „virtuellen Welt" am PC, die per Knopfdruck in Sekunden Bilder entstehen lässt (z.B. Second Life). Solche telepathischen „Übertragungen" erleben heute noch die Kleinkinder in der Märchenphase und erfuhren einst die Menschen in der „Magischen Bewusstseinsphase";[106] allerdings mit einem gravierenden Unterschied zu den zukünftigen telepathischen Möglichkeiten: In der damaligen magischen Phase fehlte den Menschen die Integrationsmöglichkeit des telepathisch „Empfangenen" in das mentale Bewusstsein (genau wie bei den Kleinkindern), was der Grund für die uns heute oft so nebulös anmutenden Darstellungen in alten Schriften (Bibel) ist. Die Folge war, dass die telepathisch empfangenen Durchsagen nicht zum Nutzen und zur Bewältigung in der materiell realen Welt umgesetzt werden konnten und sollten, sondern eine Möglichkeit war, eine Verbindung zum Religiösen zu haben, die nicht durch intellektuelle Betrachtungen im natürlichen Fluss blockiert und neutralisiert werden konnten. Das kann man heute noch bei den im „magischen Bewusstsein" verhafteten Entwicklungsvölkern beobachten. Dieses magische Denken ist allerdings am Ende des vergangenen Äons in die Sackgasse „skurriler und völlig ritualisierter Verhaltensmuster" geraten. Es sind die Petrefakte einer einstigen gelebten magischen Welt, in der die Menschen das Leben so erlebten, ähnlich wie wir heute das Traumgeschehen.

Diese zukünftige telepathische Kommunikationsmöglichkeit wird bereits in den nächsten Generationen Bedeutung erlangen. Die Anlagen dafür waren und sind immer schon im Menschen vorhanden, können jedoch erst jetzt wirklich aktualisiert werden, weil die Menschen ein immer größeres Maß an Empfangsbereitschaft für solche Frequenzeinstrahlungen erhalten, die bisher nicht wirksam werden konnten, weil die Menschheit auch von der Entwicklung des gesamten

---

[106] siehe Gebser a.a.O.

Sonnensystems mit bestimmt wird. So wie die Planeten des Sonnensystems erst allmählich von den Menschen bewusst entdeckt worden sind, so konnten sich auch die einzelnen Bewusstseinsaspekte, die von den Planeten repräsentiert werden, erst nach deren Entdeckung der Planeten im Bewusstsein der Menschheit entfalten und entwickeln. Vorhanden waren sie dagegen schon immer. Das neue Bewusstsein kann sie aber erst jetzt aktualisieren, im „New Age" oder „Wassermannzeitalter".

Es ist das Äon des URANUS, dessen Wirkmöglichkeiten ab jetzt für alle Menschen bestimmend sein werden, weil sich die notwendigen Empfangsmodule im Menschen für diese Frequenzeinstrahlungen mehr und mehr öffnen. Schon seit über 200 Jahren hat diese „Öffnung" begonnen, betraf jedoch bisher nur einzelne Menschen; vor allem die großen technischen Erfinder, aber auch Psychologen, Chemiker und Ärzte. Sie waren und sind die Vorläufer für diese Bewusstwerdung, die jetzt auch die gesamte Menschheit erfassen wird, weil dieses „uranische Prinzip" der bestimmende Aspekt im Sonnensystem sein wird. Es ist das Prinzip, das den geistigen Fortschritt vor allem bestimmt, beeinflusst und die Fähigkeit des Menschen initiiert, sich darüber von spirituellen Bereichen inspirieren zu lassen, was quasi ein Überschreiten der bisherigen Bewusstseinsmöglichkeiten ins „Quantenbewusstsein". ermöglichen wird, dessen sichtbarster und stärkster Effekt dieser neuen Bewusstseinsausrichtung die Telepathie sein wird.

Umschalten

In diesem Umwandlungsprozess des Bewusstseins bestehen zwischen spirituellen Kräften und den physischen Trägern ständige Wechselwirkungen, wobei zwischen beiden Ursache und Wirkung wechseln können; denn einerseits ändern sich die physischen Voraussetzungen, andererseits treten spirituelle Intentionen aus ihrer bisherigen Latenz. So bestand wie schon erwähnt z.B. vor Jahrtausenden die Grundsubstanz in der Physis der halbätherischen Wesen aus Silizium, das sich bei der Inkarnation der ersten Menschheit in Kohlenstoff verwandelte, um im jetzt folgenden Äon wieder zum Silizium als Grundstoff der Menschen zurück zu kehren. Silizium ist ein Halbenergieleiter, der Gedanken bei der Übertragung auf das physische Hirn in völlige Übereinstimmung bringen kann, sodass man sich darüber auch in höhere Bewusstseinsdimensionen einklinken kann, weil alle „Daten" noch im Zellgedächtnis aus der vorherigen Dimension gespeichert sind und nun wieder aktiviert werden, um zur Reinheit der Energie vom Silizium zurückzukehren. So sind auf Erden in den letzten 10.000 Jahren sehr unterschiedliche Bewusstseinsformen herangebildet worden[107]. In diesem Zusammenhang ein Hinweis aus einem[108] Bericht der „Arkturianer:"

> *„Wir haben es verstanden, das Licht des inne wohnenden göttlichen Wesens anzuzünden und innerhalb unserer zellulären Gestalt zu wachsen, um eine neue Energiematrix zu schaffen und die Molekularstruktur der festen Form in Licht aufzulösen. Das alles ist auch in eurem Zellgedächtnis aus der vorherigen Dimension, aus der ihr gekommen seid, noch gespeichert. Denn da wart ihr Wesen, die sich vom Äther ernährten, aus dessen universellen Kraft. Erst in eurer jetzigen Dimension hat sich eure Grundsubstanz geändert, und zwar von dem, was ihr Silizium nennt, in Kohlenstoff. Ab jetzt kehrt sich dieser Prozess wieder um, und ihr werdet wieder in die Reinheit der Energie von Silizium zurückkehren. Das ist die Substanz eurer Kristalle, die eine unendliche Kraft besitzen. Sie sind Energieleiter und bringen die Gedankenformen der Menschen mit den individuellen Funken des göttlichen Bewusstseins und den höheren Energien in vollständige Übereinstimmung. Dieser Schlüssel zum Tor in höhere Ebenen ist bereits in eurer Sehnsucht nach Gott angelegt. Solange ihr aber noch die Welt mit Metallfahrzeugen erobern wollt, habt ihr das Wesen Gottes nicht verstanden. Nur über die Macht der Gedanken – Merkaba – geht der Weg. Doch das wird nicht eher passieren, bis eure Wissenschaft beginnt, sich dem Göttlichen wieder zu öffnen. Und das bedeutet, zu begreifen, dass die Reinheit des Herzens die Fähigkeit ist, einander bedingungslos zu lieben, weil es das einzige ist, was euch antreibt, euch in die nächst höhere Dimension einzuklinken."*

Dieser Übergang ist auch mit Hilfe des Siliziums[109] zu schaffen, denn dieses Element bietet dafür die besten Möglichkeiten, und zwar, weil Gedanken über die Frequenzgleichheit mit den Molekularsubstanzen des Siliziums direkt erfasst werden können. Denn auch Gedanken sind nichts anderes als Schwingungen und darum auch mit allen Schwingungen der gesamten Materie kompatibel, z.B. in der Telepathie, indem Gedanken auf die Frequenz des Silizium parallel geschaltet werden, wobei telepathische Aktivitäten die gleiche Wellenlänge besitzen. Wie schon eingangs erwähnt, verwandelt in der Meditation die Hypophyse Kohlenstoffelemente in Silizium, was eine Erweiterung des Bewusstseins zur Folge hat, das aber nur dann, wenn Silizium als Produkt dieser spirituellen

---

[107] Gebser a.a.O.
[108] Jasmuheen, Der Photonenring" S. 64
[109] Frisell, Bob / Aus der Zukunft in die Gegenwart / Nach Frisell scheidet die Hypophyse in der Meditation einen weißen Stoff aus. / Nach Drunvalo Melchizedek / Merkabah / Atemtechnik (Meditation)."Diese Atemtechnik wurde vor der letzten Poldrehung noch beherrscht". Das hebräische Wort MERKABAH gebraucht Hesekiel in 1.4.26 zur Beschreibung von Gottes Thron durch vier geflügelte Tierwesen.

„Umwandlung" in einer Art Stoffwechsel im Körper „erzeugt" und nicht medikamentös zugeführt wird. Silizium ist darum wichtig für die Bewusstseinserweiterung als zukünftiger Grundstoff für die nächste Population. Noch besitzt der Mensch zu viele Kohlenstoffelemente, die aber bald zu Silizium kristallisieren werden. Diese Erkenntnis der „Gleichschaltung" von Energie und Gedanken macht sich heute schon die Medizin bei der gedanklichen Steuerung von Prothesen zunutze.

Dieses „Umschalten" von Gedanken auf Energien in Manifestationen erfolgt beim Menschen über das „Quanten- oder Traumbewusstsein". Es sind jene ursprünglich vereinten Gestaltungskräfte von Energien und Ideen in noch nicht manifestierten Gestalten im gesamten Schöpfungsprozess, wobei beide Kräfte bis zum Moment ihres Wirkens noch Eins sind. Diesen Prozess der „Umstülpung" von Geist in Manifestation ist der Schöpfungsprozess schlechthin; denn jede Idee oder jeder Gedanke strebt nach manifester Gestaltung, wobei Ideen und Frequenzen zur gleichen Zeit entstehen, weil Ideen nur über Energien zur „Ausstülpung" kommen, indem sie im Gestalten quasi die für eine Manifestation entsprechenden Energien an sich ziehen, die dann im Moment die Manifestation einer Idee ergeben. Dabei ist die Energie als schöpferische Kraft immer die gleiche, wird aber im Moment der „Ideenfusion" gestaltend qualifiziert. Somit ist „Ausstülpung als Manifestation" nichts anderes als die Ideenfrequenz, wobei diese „Lichtqualität" immer nur eine Seite im Kosmos zeigt: entweder das Teilchen oder die Welle. Idee ist Welle, Teilchen ist Gestalt – Beide wechseln im Universum ständig, trennen sich und vereinen sich: *Licht als Quelle ist Gott, Licht als Sichtbarlichkeit ist Schöpfung"*. Und das bedeutet, dass alle „Manifestationen quasi nur geliehen sind, um der Liebe die Möglichkeit zu geben, im passiven Loslassen aller „illusorischen Verhaftungen oder Verblendungen" in der daraus erfolgenden Bewusstwerdung „aktiv" an diesem Spiel, „Lila",[110] teilzuhaben – ein Paradoxon!

Zur Gestaltung und Manifestation gehört immer auch die für eine Idee vorgesehene „Substanz". So wie aus einem Lehmklumpen vom Menschen etwas gestaltet wird, so bleiben dabei Substanz und Grundenergie zwar die gleichen und unbeeinflusst, erfahren aber erst von der Idee im substanziellen Erscheinen ihre Bedeutung. Es handelt sich lediglich um zwei unterschiedliche Zustände von Frequenzen, die sich bedingen und deren Unterschied nur in der „Ausformung", nicht primär in der Substanz selbst liegt. Dabei unterscheiden sich die Energie-Einstrahlungen nach Qualität und Schwingung in der Substanz nur über die Durchlässigkeit der jeweiligen „Trägersubstanz", wobei im Menschen der Ätherleib und nicht der physischen Körper der Empfänger ist. Diese beiden

---

[110] Lila, das göttliche Liebesspiel/Hinduismus

Aspekte der Umwandlung verlaufen immer parallel, wobei sich Mutationen als Umwandlungen mehr auf biologisch-physiologische Körper beziehen – z. B. als Umwandlung in ein höheres Element wie von Kohlenstoff in Silizium – während im Hinblick auf das menschliche Bewusstsein eine „Höherpotenzierung" nur über die Transparenz im Sinne einer „läuternden Entmaterialisierung" erfolgen kann. Gemeint ist damit eine Loslösung von Ichverhaftungen, die jegliche Transparenz der von einem Ich bedingten Bewusstseinsverhärtungen blockieren. Das ist auch der Grund, warum bei morphogenetischen Übertragungen von Energie beim Menschen das „Quantenbewusstsein und sein Ätherleib" die entscheidende Rolle spielen. Träger des Bewusstseins ist allein der Ätherleib, dessen „Mittler" der Energien die 7. Chakren sind, wobei die „Meridiane" (Akupunktur) im physischen Körper dem Nervensystem entsprechen,[111] was zuweilen bei der Übertragung von Energien zu Schwierigkeiten führt und sich dann im Körper als Störungen bemerkbar macht, was bei den Geschöpfen in der Natur prinzipiell niemals der Fall sein kann, da in der Natur „Übertragungen" prinzipiell reibungslos funktionieren. Denn: „Durch jedes Atom in der Welt vibriert absolute Energie als Intelligenz".

Denn allein der Geist ist die zeugende Quelle aller Gedanken, wobei er sich als Quelle selbst nicht entdecken kann; und das bedeutet: Die Quelle existiert zwar wirklich, ist nur nicht unmittelbar erfahrbar, weil die Beengtheit des kosmischen Raumes die Stätte unseres bewussten Wirkens ist und uns dazu disponiert, vorerst lediglich lineare Kausalzusammenhänge zu treffen. Das ermöglicht zwar den Menschen innerhalb des gedanklichen Energiestromes Ursachen und Wirkungen wahrnehmen zu können, bleibt aber letztendlich eine Täuschung, die nur überwunden werden kann, wenn eine empfänglichere Bewusstheit einer höheren Dimension ins Spiel gebracht wird, von der sich Tulku einen Wechsel der Einstellungen erhofft und darum vom „Aufschließen neuer Bewusstseinsräume" spricht.

Zusammenfassung

Im gesamten Universum ist alles in einem ständigen Wandel von Energieeinstrahlung und Formgestaltung sichtbarer Phänomene begriffen, wobei sich diese wieder in die ihnen zugrunde liegende Energie „auflösen", um zu neuen Gestaltungen zu drängen. Das ist ein ewiger Kreislauf, der im Kosmos z. B. in einer Supernova und dem Verglühen ganzer Galaxien wahrnehmbar ist. Nach einer vom Geistigen hin zur Materieverdichtung ausgehenden Entwicklung kehrt sich dieser Prozess um, um wieder in umgekehrter Folge hin zum Geist

---

[111] Kundalini-Yoga – Lehre von den Chakren. Lit.: Avalohn „Die Schlangenkraft"

aufgelöst zu werden. „Halbzeit der Evolution" nach Ken Wilber. Auch Krause sah den" Materiezerfall" richtig als spirituelle Energieumwandlung; denn alle Materie löst sich wieder in ihre Urenergie auf.

Genauso erfolgt auch der gesamte „Rückweg des Bewusstseins wieder zum Zentrum", denn dieser ist nur über eine „Auflösung aller Hüllen" (Verhaftungen) und somit als ein permanenter Öffnungsvorgang zu verstehen. in dem „gestaltete Substanz" wieder abgegeben wird, um eine Höherpotenzierung des Bewusstseins über das loslassende Opfer aller Verhaftungen an die Welt zu erreichen. Denn es war das Feuer der Materie vermittels des latent vorhandenen feurigen Funkens des Denkens, das einst mit dem Feuer des Geistes im Menschen in Berührung trat. Dieser Funke des Denkens, der im Tier durch den Instinkt zum Ausdruck kommt, trieb die materielle Form oder Substanz zu solcher Tätigkeit an, dass sie die Höhen zu erreichen vermochte, wo sie mit ihrem „Gegenpol", dem Geist, wieder Kontakt aufnehmen konnte. Dabei kamen die „Feuer" der Hierarchie in Berührung mit den irdischen Reibungsfeuern und fusionierten im Vormenschen, um dadurch eine erste Umwandlung des Bewusstseins hervorzurufen. Und das erfolgte über inkarnierende Wesen aus der nächst höheren Dimension, die diese Fusion zustande brachten, indem sie in die animalischen Träger der Vormenschen inkarnierten und auf diese Weise die Energiestrahlungen aus der Hierarchie mit einbrachten. Bereits dieser „Tiermensch" strebte aufwärts und der Geist antwortete auf dieses Streben; dabei hatte die Schwingung des Keimes der Mentalität die Substanz wie Hefe durchdrungen. So wurde das menschliche Bewusstsein erweckt.

Über diese spirituellen Energieeinflüsse erfolgt jegliche gedankliche Beeinflussung, denn Empfänger gelenkter Gedanken ist jeder Mensch, der sein Denken und seine Seele auf empfangende Übereinstimmung gebracht hat, so dass Gedankenformen durch seinen Energiekörper wirken können. Die aus dem Zentrum gesendeten Gedankenformen manifestieren sich dabei als der universelle Plan Gottes. Der einzig aktive Beitrag des Menschen an diesem Schöpfungswerk liegt im „freien Willen" einer „passiven Aufnahmebereitschaft", gedankliche Impulse zu empfangen. Im Gegensatz zum Menschen steht die „blinde und bewusstlose" Natur allein im „göttlichen Gesetz"; d.h. alle naturhaften Lebensformen werden allein durch göttliche Energien gelenkt und beherrscht, und zwar mittels ihrer Energiekörper, die lediglich integrale Teile des Ganzen sind. Sie reagieren jedoch unbewusst und ohne Einsicht. Nur die Menschen nehmen mehr oder weniger bewusst das „Denken Gottes" wahr, was letztendlich im erleuchteten Denken der Hierarchie das Ziel seiner Entwicklung findet. Übertragungen von Ideen oder Gedanken weisen darum immer auf eine Kommunikation im Bewusstsein hin, die eine gemeinsame Ursache haben und zwischen Geist und Quant Parallelen aufweisen.

Diese Koinzidenzen sind eine Art Synchronizität und beweisen das simultane Vorhandensein von sinngemäßer Gleichartigkeit in heterogenen, kausal nicht verbundenen Vorgängen; und das beweist, dass Psyche und Materie in einer Welt enthalten sind, miteinander in Berührung stehen und auf unanschaulichen transzendentalen Faktoren beruhen.

Die heutigen Naturwissenschaften sind endgültig an der Grenze des auf Erden systemimmanent Erforschbaren angelangt, darum ist es jetzt an der Zeit, den nächsten Schritt zu tun, nämlich über das dreidimensionale, begrenzte Denken hinaus in „spirituelle Bereiche" vorzustoßen, weil es notwendig erscheint, auch vom physikalischen Basiswissen in die geistigen Bereiche einen nahtlosen Übergang zu finden. Das gegenwärtige Problem der Naturwissenschaften ist der gravierende Mangel an ganzheitlichem Denken. Es wird immer nur partiell-systemimmanent gedacht und niemals das gesamte Universum mit einbezogen. In den Vorläuferkulturen bestand die Weisheit dagegen immer in einem ganzheitlichen Denken:„*Kein Aspekt des altägyptischen Wissens war vom Ganzen getrennt"*.[112]

Das bisherige systemimmanente Denken war sicher bis in die Gegenwart notwendig, um zuerst den Mikrokosmos der realen Welt zu erforschen und zu verstehen. Jetzt aber ist es notwendig, diesen viel zu engen Rahmen zu übersteigen und das Wissen zur Erkenntnis einer Gesamtschau der Schöpfung zu erweitern. Denn nur so können die universalen Gesetze auch wieder als für die Gesetze im Kosmos relevant und darin verborgen wirksam verstanden werden. Allein der schöpferische Gedanke eines durchgehenden Ganzen wird eine „Erlösung" aus der bisherigen begrenzten Weltsicht sein. Und das ist eine Frage nach dem sich wandelnden Bewusstsein. Überblickt man die Bewusstseinsentwicklung der Menschheit, so stellt man fest, dass es im Verlauf der letzten 12.000 Jahre mehrere Bewusstseinswandlungen gegeben hat, die Gebser wie folgt benennt: 1.archaische, 2.magische, 3. mythologische und 4. mentale Bewusstseinsphase. Gegenwärtig steht die Menschheit an der Schwelle zu einer neuen Phase, der Supramentalen. Diese wird die für die Zukunft die allein bestimmende sein. Es geht dabei um die Öffnung ganz neuer Bewusstseinsbereiche, die über das gegenwärtige primär rein konditionierten Denken und vordergründige Wahrnehmen weit hinausgehen und neue spirituelle Bereiche erschließen werden. Es sind die spirituellen Bereiche, die Jahrhunderte lang vom Glauben und seit dem 19.Jahrhundert von der Psychologie vertreten wurden, aber in Zukunft vom Wachbewusstsein aufgenommen und eingeordnet werden müssen, und dadurch gewissermaßen in die Immanenz eines neuen integralen Bewusstseins eingehen werden.

---

[112] J.A. West: „Die Schlange am Firmament"

Epilog /
Gedanken zu Zeit und Raum

Im zukünftigen Quantenbewusstsein werden auch auf Erden Zeit und Raum völlig neue Positionen einnehmen, darum soll ein Ausblick gewagt werden, um deutlich zu machen, welche grundlegende Bedeutung beide Prinzipien gegenwärtig haben und zukünftig für die Menschheit haben werden.

Der Mensch lebt in einer Welt von Zeit und Raum, wobei diese beiden „Prinzipien" jede Wahrnehmung alles „Seienden" als Realität bedingen. Raum- und Zeitvorstellungen sind nur im dreidimensionalen Kosmos möglich und verweisen damit immer nur auf eine Bewusstseinsdimension der „Wirklichkeit". Allein diese „Begrenztheit auf den kosmischen Raum" ist die Stätte menschlichen Wirkens und disponiert den Menschen dazu, lineare Kausalzusammenhänge quasi als Ursachen und Wirkungen wahrnehmen zu können, was aber immer nur ein Aspekt der Wahrheit bleibt. Denn die Beziehung zwischen Ursache und Wirkung ist nur über ein das Jetzt übersteigendes Bewusstsein richtig zu verstehen und zu beantworten; d.h. weg aus konditionierten Zeit- und Raumvorstellungen hin zur ewigen Gleichzeitigkeit als permanente Gegenwart alles Seienden. *„Raum und Zeit sind beide nur Erscheinungen, nichts Reales und nur die Begrenztheit des menschlichen Erkennens hält sie für etwas Wirkliches."* Denn für uns scheint die Zeit zu fließen und der Raum das zu sein, was die Dinge enthält, und das ohne Anfang und Ende. Wenn man aber erkennt, dass „Zeit" in Wahrheit nur ein „Produkt" des menschlichen Bewusstseins ist, dass also eine objektive Zeit unabhängig vom Bewusstsein gar nicht existiert, dann nähert man sich den mystischen Erfahrungen der Upanishaden an, in denen es heißt: *„Raum und Zeit sind nur Erscheinungen des Bewusstseins"*.[113]

Die Zeit ist im Kosmos nur ein „Effekt", und die Dinge existieren nicht im Raum, sondern sind der Raum, dem der Mensch als „vierte Dimension" in der Bewegung der Körper im Raum die Zeit hinzufügt. Die dadurch bedingten Vorstellungen von „Realität" führen zwangsläufig zu irreal unvorstellbaren „Überdehnungen" aller Maße, die für die materielle objektive Welt in der Tat zwar real zu sein scheinen (wie z.B. Entfernungen von Milliarden von Lichtjahren), die aber rein tautologisch sind und nichts aussagen. Es sind lediglich „gemessene" Illusionen in einer begrenzt wahrnehmbaren kosmischen Dimension, die durch eine Akzeptanz weiterer übergeordneter Frequenzbereiche völlig annulliert werden würden. Denn die gesamte Schöpfung ist eine permanente, in deren „Fluss" der Kosmos als nur eine, und zwar „materielle Dimension" installiert

---

[113] Rixner; Upanishaden

ist. Was jedoch das gesamte Universum und die darin enthaltene „spirituelle Hierarchie" anbetrifft, existieren darin weder „Zeit noch Raum" als Maßstäbe, denn für das Absolute, für die transzendente Einheit, gibt es keine Zeit. Darum ist in allen Religionen auch dieses „Absolute" allein das Ziel der Erkenntnis gewesen und damit zugleich auch die Überwindung der Zeit, die den Menschen nur zum Sklaven im materiellen Kosmos macht. Das Universum ist eine sich durchdringende Hierarchie von Bewusstseinsdimensionen, zu denen unsere Sinne vorerst nur einen begrenzten Zugang haben.[114]

Denn der Kosmos als der den Menschen sichtbare Frequenzbereich ist eine materialisierte Geistwelt und darum nur eine Illusion wie ein auf eine Leinwand projiziert Film. Dort erfolgt naturgemäß weder eine Ausdehnung noch eine Zusammenziehung, weil alle Bedingungen im Kosmos eine in Bewegung gesetzte Konstante sind, und zwar wie die Bilder auf der konstanten Filmleinwand. Der Mensch erlebt nur die „Bewegung" der auf der konstanten Leinwand ablaufenden Bilder, wobei allerdings die Zeitlichkeit für den Menschen ein so grundlegender Aspekt ist, weil der Mensch seine persönliche Identität mit dem Gedächtnis und der fortdauernden Erfahrung in der Zeit verbindet, und sich über die Zeit eine Ordnung erschafft, die er als „seine" Welt erlebt. *„Alles ist Zeit, wobei keine Zeit eine andere behindert, aber jegliches Sein eine gesonderte Zeit in einem Kontinuum ist.*[115] *Auch der Mensch ist Seine Zeit"* 159[116], weil der Mensch in seinem Bewusstsein ein unmittelbares Wissen vom Zeitablauf besitzt. Darum sollte es zu den Aufgaben der Physik gehören, das Verhältnis zwischen unmittelbarem Wissen von der Zeit im Innen und unserem symbolischen Wissen von der Zeit im Außen aufzuklären.

Einen ersten „Todesstoß" erfuhr diese „absolute Zeitvorstellung" durch die Relativitätstheorie von Einstein; denn er „bewies", dass die Zeit in Wirklichkeit „elastisch" ist. Noch Newton hat die Zeit als etwas Äußerliches „vergegenständlicht", als einen dahinfließenden Strom von Vergangenheit, Gegenwart und Zukunft. Er führte den Begriff der „causa mathematica" ein – also einen rein mathematischen Begriff – , weil es ihm lediglich darauf ankam, die Gesetze der Bewegung zu ermitteln. Wiederholt erklärte er aber, dass er nur in diesem Sinne von Kräften rede (nicht aber Gott damit meine). Auch Immanuel Kant spricht von *„der Erstreckung von Körpern im Raum als zeitlichem Ablauf von Ereignissen in der Folge von früher und später, was keine Qualität des Wahrgenommenen, sondern dem wahrnehmenden Geiste eigentümlich sei, der im Diesseits gar nicht*

[114] J.A. West: „Die Schlange am Firmament"
[115] Dögen aus Davies S.171
[116] Davies, Paul / Gott und die moderne Physik Die Zeit S.159

anders kann, weil Raum und Zeit Kategorien sind."[117] Albert Einstein vereint dann die Begriffe Masse, Raum und Zeit in seiner Relativitätstheorie zum Begriff Energie und postuliert, dass die höchste Geschwindigkeit die des Lichtes und diese immer konstant sei. Dieser Theorie liegt der Lehrsatz von Pythagoras zugrunde, nämlich dass die Zahl 1 immer auch im Quadrat gleich bleibt. Einstein hat also auf diesem kleinen Umweg der mathematischen Quadrierung von 1 ausdrücken können, was uns die Beobachtung wahrnehmen lässt, nämlich alle kosmischen Wirkungen aus der Sicht des Erdballs zu sehen, und zwar auf der naturgesetzlichen und logisch nicht gestützten Methode der Vermischung von Dimensionen. Das aber ist nur eine systemzentrische, untergeordnete Basis und somit aus universeller Sicht falsch. *„Zeit ist eine Erscheinung, die sich nur aus unterschiedlicher, also relativer Bewegung ergibt und sich darum nur daraus definieren lässt. Generell: Bei einer Höchstgeschwindigkeit kann in Richtung dieser Geschwindigkeit keine Wechselwirkung mehr stattfinden."*

Einstein sah darin ein physikalisches Gesetz, das somit an die „messbare Lichtgeschwindigkeit" gebunden bleibt und darum nur Gültigkeit für die kosmisch sichtbare Welt hat. Das war wichtig, weil damit die Frage nach Gott weiterhin offen blieb. Heisenberg hat dann diese Theorie Einsteins ad absurdum geführt, indem er in seiner Quantentheorie den „begrenzten Lichtraum des Kosmos" überschritt und in die Unendlichkeit weiterer Frequenzbereiche erweiterte. Damit wurde Gott wieder *„sichtbar unsichtbar-unendlicher Welten".* **E = m c²** besagt, dass die Masse als ausgesendetes Licht gleich Energie ist und die Masse in der Geschwindigkeit des Lichtes erscheinbar werden kann. In anderen Frequenzbereichen muss darum auch eine andere „Sichtbarlichkeit" erscheinen, weil dort die „Geschwindigkeit des Lichtes" und die „Masse" anderen Bedingungen unterliegen, vor allem die „Masse" eine ganz andere ist. Zwar gilt im Kosmos als Maßstab aller Bewegungen die „Geschwindigkeit des Lichtes" als das absolut höchste Maß, wobei es allerdings für die Bewegungen im Kosmos Irreversibilität gibt, weswegen sich diese Vorstellung in Bezug auf die Zeit nicht aufrecht erhalten lässt, dass auch sie nur in einer messbaren Richtung verlaufe. Denn in anderen Frequenzbereichen unterliegt alles Erscheinende nicht mehr dem Maß der „Lichtgeschwindigkeit", und darum ist auch die Zeit im transzendenten Bereich „zweispurig",[118] weil in den anderen Frequenzbereichen andere Sichtbarlichkeiten erscheinen und die Frequenzen des Lichtes viel höher sind. Auch gemäß der „Stringtheorie" gibt es im Kosmos ein „Vibrationsspektrum" von unendlich vielen Schwingungsmodi, welche aber zu hohe „Masse / Energie" haben, um direkt beobachtet werden zu können. Daher wird man auf einen direkten Nachweis dieser Vibrationsmodi verzichten müssen und stattdessen

[117] Häberli, Gerhard / Die Einheit von Kosmos, Atom und Geist S.82
[118] Goswami, S. 136

versuchen, im Sektor der (nahezu) masselosen Teilchenanregungen Eigenschaften zu finden, die spezifisch für die Stringtheorie und gleichzeitig experimentell beobachtbar sind. Es müsste also erst ein indirekter Nachweis der Richtigkeit der Stringtheorie geschehen.[119]

> *„Diese (Erscheinungen) sind darum für euch nicht mehr wahrnehmbar; allerdings von denjenigen sehr wohl wahrnehmbar, die sich auf die höheren Frequenzen bereits einstellen können. Das sind dann jene „spirituellen Einbrüche" aus anderen Bereichen, wie ihr sie alle auch im Traum und in paranormalen Phänomene erlebt. Denn die Zeit hat im göttlichen Plan viele Bedeutungen und Auswirkungen."*

Im Kosmos ist die Lichtgeschwindigkeit lediglich ein Informationsträger und die Zeit der „Prozess", durch den das „Licht" als der physikalisch messbare Mechanismus verankert ist, der alles regelt und allein die Gesetzmäßigkeiten auf Erden bestimmt.[120] Nach Michael Ende: „Momo" sind dafür „ ..die Herren der Zeit"[121] *verantwortlich und „überwachen" diesen Prozess im Kosmos, während „die Erzengel die Aufgabe haben, die Verbindungen zwischen den „Räumen" (Dimensionen) der universalen Hierarchie und des Kosmos herzustellen und ständig aufrecht zu erhalten, um die Schöpfungsenergie der Liebe darin zu verteilen."[122]* Dieser wechselseitige Austausch zwischen Kosmos und spiritueller Hierarchie ist von der „Quantenphysik" wiederentdeckt worden, was zu einem neuen Verständnis der „Zeit" in der Schöpfung verhelfen wird. Es ist der neue Denkansatz dafür, wie spirituelle Energie in der Schöpfung mit den „materiellen Raum- und Zeitbedingungen" im Kosmos korrespondiert und über „morphogenetische Felder" Gesetzmäßigkeiten schafft, die alles regulieren; denn allein über das „Quantenbewusstsein" werden zwischen der Menschheit und der spirituellen Hierarchie Grundgesetze festgelegt. Raum ist ohne Zeit nicht vorstellbar, und Zeit nicht ohne Raum. Insofern stellt auch die Zeit eine weitere Möglichkeit für das „Erfahren" unserer Verbindung mit anderen Bewusstseinsdimensionen dar, weil der Mensch Zeit auf unterschiedlichen Bewusstseinsebenen und in verschiedenen Erscheinungsformen wahrnimmt. Darum bedürfen nicht nur die Vorstellungen von der „Lichtgeschwindigkeit" als Maß oder von der „Linearität

---

[119] Nach theoretischen Überlegungen sollen Strings eine „Ausdehnung" in der Größenordnung der Planck-Länge besitzen, was bedeutet, dass die Vibrationsmodi „Massen" besitzen, die ein Vielfaches von ca. 10^{19} Giga-Elektronenvolt betragen; das liegt um viele Größenordnungen über dem, was man experimentell beobachten kann.

[120] Tulku Tathang / „Raum, Zeit und Erkenntnis": Raum ist nur im Kosmos möglich und verweist immer auf eine Dimension der kosmischen Wirklichkeit

[121] Michael Ende; „Momo"

[122] S. Nidle, Sheldron „Der Photonenring" / Alle kosmischen Gestirne benötigen spirituelle „Hüter", um mit der Spirituellen Hierarchie zusammenzuarbeiten, womit auch die Entwicklung und Betreuung des menschlichen Bewusstseins zusammenhängt.

der Zeit" einer Korrektur, sondern auch die damit verbundenen Raum- und Zeitvorstellungen eines „begrenzten Kosmos." Denn auch die Zeit besitzt wie alles in der Welt eine Innenwelt.

Innenwelt der Zeit

Auch die Zeit weist auf den Aspekt einer „Innenwelt" hin.[123] *„Meiner Meinung nach weist die Zeit ebenfalls den Aspekt der Innenwelt auf. So wie Newton verstärkte Aufmerksamkeit auf die Außenwelt der Zeit lenkte, die fließende Bewegung, in der eine winzige Gegenwart eine Zukunft, die es nicht gibt, von einer Vergangenheit trennt, die auf immer verschwunden ist, so möchte ich das Augenmerk auf die Innenwelt der Zeit lenken."[124]*

Um die „Innenwelt der Zeit" zu verstehen, muss man an die „grenzenlose Unmittelbarkeit" der Gegenwart anknüpfen, weil die Realität unseres Daseins sich stets nur in der Gegenwart befindet, obwohl es auch jenseits unserer gegenwärtig objektiven äußerlichen Wahrnehmungen „Zeit" gibt, die weit über den „gegenwärtigen Moment" hinausweist, wobei immer nur allein der „gegenwärtige Moment" die „Tür" ist und den Zugang zu diesen unterschiedlichen Zeitebenen ermöglicht. Nur das menschliche Bewusstsein hilft aus dieser realen gegenwärtigen Gebundenheit heraus, weil der Mensch über die vorstellende Annahme höherer Bewusstseinsdimensionen, in die das begrenzte kosmische System unserer Wahrnehmungen lediglich eingebettet ist, die gegenwärtige Realzeit überschreiten kann. Darum erscheint es dringlich, sich den leider noch immer rein hypothetischen höheren Dimensionen gedanklich mehr zuzuwenden und anzunähern, was zwar punktuell und teilweise schon erfolgt, aber nach wie vor der offiziellen Schulphysik als nicht „beweisbar" und darum suspekt erscheint und ignoriert wird. In diesem Zusammenhang muss auf Burkhard Heims sechsdimensionales Weltmodell hingewiesen werden: *„Im virtuellen sechsdimensionalen Raum existieren potentielle Strukturmuster, die auch im uns zugänglichen Raum realisiert werden."[125]*

Als Vorbereitung auf dieses mehrdimensionale Bewusstsein sollten die Wissenschaften sich endlich von den alten Fesseln ihrer bisherigen Vorstellungen befreien und diese neuen Dimensionen zumindest als Hypothesen zulassen.

---

[123] Gerhard Häberli „Die Einheit von Kosmos, Atom und Geist": „Ich sage bewusst nicht: „Wesen der Zeit", weil ich glaube, dass wir in unserem Bewusstsein ein unmittelbares Wissen vom Zeitablauf besitzen – es gehört zu den Aufgaben der Physik, das Verhältnis zwischen unmittelbaren Wissen von der Zeit und unserem symbolischen Wissen von der Zeit im Außen aufzuklären."S.11

[124] David, Peat aus „Heraklit"/ Kosmos und Innenwelt / „Um die Zeit als Innenwelt wahrzunehmen, muss man verstehen, dass die Realität unseres Daseins sich stets in der Gegenwart befindet." 166

[125] Burkhard Heim „Elementarstrukturen der Materie."

Leider haben die Menschen noch große Schwierigkeiten, sich über ihre dreidimensionale Vorstellungswelt hinaus zu begeben, die aber reine Illusion ist,
wodurch für den Kosmos so unermessliche Raum- und Zeitvorstellungen rein
illusorischer Zeit- und Raumbewegungen entstehen, und zwar in einer sich au-
ßer der Zeit letztlich ganz gleich bleibenden Räumlichkeit. Denn Räumlichkeit
ist durchaus auch ohne Zeit zu verstehen, und zwar Raum als Zustandsform
und nicht vom Fluss einer kontinuierlichen Zeitabfolge abgeleitet. Diese Raum-
zustandswelt erleben die Menschen permanent im Traum, in dem man nie eine
Zeitfolge erlebt, sondern allein nur Zustandsveränderungen, und zwar ohne
Vergangenheit und Zukunft, nur in permanenter Gegenwart. Und da das im
Traum bereits sehr wohl der Fall ist, ist es auch möglich, diese Vorstellungen
einer Zustandswelt als Denkmodell für Überlegungen in der realen Wachwelt
zu akzeptieren. Die Integration der Traumwelt wäre so ein möglicher erster
bewusster Zugang zur nächst höheren Dimension.

So überschreiten z.B. auch „Geschwindigkeiten" von Gedanken, die nicht mehr
durch „Masse" behindert werden, die Lichtgeschwindigkeit bei weitem, und
diese „gedanklichen Frequenzen" stehen den Menschen vorerst nur in der Vorstellung und in ihrer Phantasie zur Verfügung. *„Aber nur über ein „höheres
Bewusstsein" können wir erkennen, dass den kontinuierlichen Gedankenströ-
men selbst nicht die dynamischen Zusammenhänge zueigen sind, denn dieses
neue Vermögen zu erkennen, fasst überhaupt keine Objekte mehr auf, sondern
dieses Denken unterbricht viel mehr den Fluss aller Ich-sagenden Gedanken."*
Nur darüber wird es möglich, die „Trennwände" zu höheren Bewusstseinsdimensionen transparent zu machen, wobei dieses Übersteigen der realen
Wirklichkeit nicht bedeutet, von endlichen Dingen getrennt zu sein, sondern
alle Gedanken lediglich auf einer höheren Frequenz zu integrieren. *„Auch eure
Gedanken bewegen sich in „Räumen", unterliegen aber über die kosmischen
Raumvorstellungen oft einer bestimmten „Brennweiteneinstellung", die leider
von den Menschen immer noch starr aufrecht erhalten wird und dadurch zur
Begrenzung der phänomenalen Wirklichkeit geworden ist. Diese „Begrenzung"
der äußerlichen Wahrnehmung lässt als Maßstab nur die sichtbare sinnenhaft
bestimmte Phänomenalität zu. Der Mensch hat aber auch noch andere Wahrnehmungsmöglichkeiten, die weit über diese Begrenzung hinausgehen."* Und
auf dieser Bewusstseinsebene transzendiert der Mensch jedwede selbstzent-
rierte Orientierung und verbindet sich völlig mit jedem und allem. Lokalisierun-
gen, Haltungen oder Probleme binden nicht mehr und man ist auf dieser Ebene
nicht mehr darauf erpicht, etwas zu verbessern und zu verändern.

*Dieses „Überschreiten" erfolgt über jene „Quantenmechanerie" im
nichtlokalen Bewusstsein des Ätherleibs, worüber jener „Kollaps oder
jene Diskontinuität" herbeigeführt wird, ohne die sich der Mensch eine*

„Hierarchie unterschiedlicher Bewusstseinsdimensionen" nicht vorstellen könnte. Das Energiefeld ist dabei reine Potentialität, und zwar kein Kontinuum oder ein Modell von Raum-Zeit Ereignissen, sondern die konzentrierte Zusammenfassung aller Energie-Informationen, die sich erst im Kosmos als Raum-Zeit-Ereignisse manifestieren. Unser „Selbst" und unser Bewusstsein entstammen dieser Hierarchie vom Sein, weil es keinen anderen Ursprung des Bewusstseins im Universum gibt. Beide kommen aus der „Spaltung von Subjekt-Objekt", denn die Welt muss sich zunächst selbst zerteilen, und zwar in einen Zustand, der sieht und in einen, der gesehen wird. Allein durch den Menschen ist sich das Universum seiner selbst bewusst; nur im Menschen teilt sich das Universum selbst in Subjekt und Objekt, und ohne die immanente Welt aller Manifestationen gibt es keine Seele, kein Selbst, das sich selbst als etwas von den Objekten, die es wahrnimmt, Getrenntes erfährt: Das ist das Quanten-Selbst, worüber sich der „Geist als schöpferische Energie" im Kosmos äußert, was immer nur in kosmischer Zeitlichkeit möglich ist, die dann als „geronnene Zeit" zum Raum wird. Der Geist fließt aus in Energie oder Licht und gerinnt in der Zeitkathete zum Raum.

Und genau über das Quantenbewusstsein werden in ferner Zukunft die Menschen „Zeit und Raum transzendieren" können und parallel dazu auch am Ende des Äons einen Ätherleib erhalten, der ohne den physischen Leib existieren kann, und dann wird die Kommunikation der Menschen untereinander telepathisch erfolgen. Denn es handelt sich dabei um den spirituellen Aufstieg wieder zurück ins geistige Zentrum, wobei die gesamte materielle Schöpfung wieder in den ursprünglichen Zustand des Geistes zurückkehrt. Gegenwärtig ist es den Menschen nicht möglich, den Ätherleib als einen vom physischen Leib getrennten sich vorzustellen oder dessen besondere Art von Energie oder Lebendigkeit zu isolieren, da sich sein „Automat" – der physische Körper, der ebenfalls aus schwingenden Energieatomen besteht – selbst in ständiger „strahlender" Bewegung befindet. Dieses Öffnen wird die Aufgabe der Menschheit im „Neuen Äon" sein. Dazu muss die Wissenschaft endlich beginnen, sich dieser inneren Erkenntnis bewusst zu öffnen, um endlich ihr alles blockierendes und beschränkendes technologisches Denken aufzugeben, denn dafür wird in Zukunft das mentale Bewusstsein ins Quantenbewusstsein umgewandelt werden, wobei die spirituellen Bewusstseinsbereiche über den Ätherleib als Träger und Repräsentant derselben wieder aus der Latenz gehoben werden.

Denn in diesem permanenten Kreislauf des Universums gibt es auch für den Kosmos weder Anfang noch Ende, und die Vorstellung eines Urknalls ist absurd. „...die sogenannte Urknalltheorie ist eine präzise physikalische (und da-

mit systemimmanente) Theorie, nach der das physikalische Universum vor einer endlichen Zeit entstanden sei. Solche Pannen geschehen oft in der Physik: Unser Fehler ist nicht, dass wir unsere Theorien zu ernst nehmen, sondern dass wir sie nicht ernst genug nehmen. Man kann sich stets nur schwer vorstellen, dass die Zahlen und Gleichungen, mit denen wir herumspielen, etwas mit der wirklichen Welt zu tun haben". [126]

„Urknall"

Eine Urknall-Vorstellung basiert auf der völlig irrelevanten Zeitvorstellung eines Anfangs und einer räumlichen Illusion des Kosmos. Dieser „sogenannte Urknall" und das, was man meist darunter versteht, geschieht permanent und ist ohne Anfang und ohne Ende. Nur in der menschlichen Vorstellung einer zeitlich begrenzten Linearität, die automatisch auch einen Raum impliziert, erscheinen alle Bewegungen nacheinander und räumlich-zeitlich ausgedehnt. *„Der unsinnige Gedanke des Urknalls muss aufgegeben werden. Es ist doch die schöpferische Urenergie, die sich im Universum manifestiert. Das kann doch keinen Anfang haben und auch kein Ende. Diese Urenergie gilt es jetzt nicht nur zu begreifen, sondern vor allem auch als die Lebenskraft schlechthin zu entdecken und als weiter führende Kraft der ständigen Umwandlung im Universums zu verstehen".* Heisenbergs Quantenphysik stellt ein völlig neues Weltbild dar, das die alten Konzepte wie deterministische Bahnverläufe und kausale Kontinuitäten überholt erscheinen lässt, und hat die Theorie Einsteins mit der *„Quantentheorie im Lichtraum des Universums"* in die Unendlichkeit weiterer Frequenzbereiche überschritten. *In der traditionellen Quantenkosmologie gibt es auf der grundlegenden physikalischen Ebene keine Zeit, sondern nichts weiter als die universelle Wellenfunktion.*

Darum gilt auch für den Kosmos die Permanenz einer ständigen Folge von „Urknallen", was man aber nicht zu einem universalen integrierenden Prinzip erheben darf, weil es lediglich Stationen in einer permanenten Folge im Universum sind, in dem es weder Anfang noch Ende gibt. Insofern ist auch der *„Omegapunkt"* als Endziel der Schöpfung nur ein virtueller Punkt im Universum und steht nicht für Gott[127]. Denn *„Der Omegapunkt in der Schöpfung ist nicht die dreieinige Gottheit, weil die drei „Seinsweisen" in der Analyse liegen und darum nicht selbst der Omegapunkt sein können. Der Heilige Geist hat in der Physik die Funktion der Wellen (Frequenzen), wobei in der Wellenfunktion die gesamte Physik steckt und es darum in der Quantenkosmologie keine Zeit gibt. Vom Mathematischen her ist allerdings der Omegapunkt die fiktive Vervollständigung als*

[126] Frank J. Tipler; a.a.O. 266.
[127] Frank J. Tipler; „Die Physik der Unsterblichkeit"

Extrapolation aller endlichen Existenzen in die Vorstellung einer Unendlichkeit des Universums." Dieser ist zugleich das Ziel einer Bewegung, von der Teilhard de Chardin sagt:

> *„Dann ist für den Geist das Ende und die Erfüllung auf Erden gekommen und „die **Noosphäre**, die dann das höchste Maß ihrer Zentrierung erreicht haben wird, kehrt in einer nach innen gerichteten Gesamtbewegung zu sich selbst wieder zurück. Wir werden in ferner Zukunft im Geist auferstehen und an der Weiterentwicklung des gesamten Universums zum Omegapunkt teilhaben. So ist die Noosphäre also die nächste Stufe für die Menschheit nach der Anthroposphäre, und zwar in der Folge des Evolutionsprozesses: der Biosphäre, der Hydrosphäre, der Atmosphäre und der Lithosphäre. Die Noosphäre ist die Sphäre der synchronisierten Gedanken, denn das griechische Wort „Nous" bezieht sich auf die „Einheit von Geist, Intellekt und Herzen."*

Literatur auf einen Blick

Anonymos .... Telepathie / Kommunikation der ZukunftAssagioli,
Roberto .... Psychosynthese / Junfermann

Augustinus .... Bekenntnisse /

Aurobindo, Sri .... Die Synthese des Yoga / Hinder 1972

Bailey, Alice .... Gesamtwerk / Genf 1932

Bernhard von Clairvaux .... Das Buch von den Stufen der Demut und des Stolzes/
St. Benno Bhave .... Der innere Frieden

Bischof, Marco .... Biophotonen / Zweitausendeins

Bohm, David .... Wholeness and implicate order / London 1980

Bonaventura .... Soliloquium / Kösel Verlag Kempten 1958

Bunyan, John .... Die Pilgerreise Oesch Verlag

Capra, Fritjof .... Das Tao der Physik

Chardin, Pierre Teilhard de .... Die Entstehung des Menschen / C.H.Beck 1981

Davies, Paul .... Gott und die moderne Physik / Bechermünz Verlag

Dionysius Areopagita .... Die Hierarchie der Engel / München 1957

Dürr, Hans Peter .... Physik und Transzendenz / Scherz

Frisell, Bob .... Aus der Zukunft in die Gegenwart

Gabriel, E. .... Ein integrales Weltbild / München 1991

Gebser, Jean .... Ursprung und Gegenwart / Novalis Verlag 1979

Grof, Stanislav .... Geburt, Tod und Transzendenz / rororo

Hartmann, Nicolai .... Ästhetik / München 1951

Hasselmann, Varda .... Archetypen der Seele

Häberli, Gerhard .... Die Einheit von Kosmos, Atom und Geist / Cosat-Verlag

Heisenberg, Werner .... Physics and Beyond / New York 1971

Hildegard von Bingen .... Der Mensch in der Verantwortung / Otto Müller Verlag

Hierzenberger, Gottfried ...... Erkundungen des Jenseits -
Der Blick auf die andere Seite der Wirklichkeit

Jasmuheen (Ellen Greve) ...... Lichtnahrung

Kant, Immanuel .... Praktische Vernunft

Laszlo, Erwin

Lawrence, T.E. .... Tagebuch von drüben Ansata

Lersch, Philipp .... Aufbau der Person / München 1953

Lorber, Jakob .... Das große Evangelium Johannes / Bietigheim 1981

Ludwiger, Illobrand von .... Die Erforschung unbekannter Flugobjekte

Maharshi, Ramana .... Seine Lehren / Kailash Buch

Meckelburg, Ernst .... Transwelt / Langen Müller

Nidle, Sheldon .... Der Photonring / Falk Verlag

Ouspensky, P.D. .... Auf der Suche nach dem Wunderbaren / München 1978

Planck, Max .... Where is science going? / New York 1932

Rohr, Richard; Ebert, A. .... Das Enneagramm / München 1990

Sens, Eberhard .... Am Fluss des Heraklit / Insel Verlag

Sheldrake, R.; Fox, M. .... Engel – die kosmische Intelligenz / München 1998

Stein, Edith .... Gesamtwerk

Sutton, Christine .... Raumschiff Neutrino / Birkhäuser

Swedenborg, Emanuel .... Himmel und Hölle / Zürich 1977

Theos, Bernhard .... Hatha Yoga Günter Verlag

Thomas von Aquino .... Die menschliche Willensfreiheit / Düsseldorf 1954

Tipler, Frank J. .... Die Physik der Unsterblichkeit dtv

Therese von Avila .... Der Weg zur Vollkommenheit

Therese von Avila .... Die innere Burg / Zürich 1979

Underhill, Evelyn .... Mystik / Bietigheim 1928

Upanishaden .... Dietrichs Gelbe Reihe

West, John A. .... Die Schlange am Firmament / Zweitausendeins

Wilber, Ken .... Halbzeit der Evolution / Fischer 1998

Yukteswar, Sri .... Die Heilige Wissenschaft / O.W.Barth 1976

Zoev Jho .... E.T. 101 / Zweitausendeins